职校生创业宝典

主　编	缪世春			
副主编	李松虎	孙开俊	吴建军	张　建平
	于章宏	范周荣	宗序炎	陈建平
编　委	朱新华	李东晨	冯志刚	殷宗玉
	臧德明	刘后军	张小建	曹江全华
	周永进	丁长河	陈　军	冒国华建平
	朱灿明	王元林	彭建	何建平
	范子清	汪　强	王雪诗	

中国矿业大学出版社

内 容 简 介

本书是为职校生创业而编写的指导用书。全书共九章,主要介绍了创业者应该具备的意识、人格、能力和知识,说明了创业的程序和模式,论述了在创业中如何进行管理,列举了一些成功创业者的案例。最后,还附有国家促进创业的相关政策文件。

本书可供广大职校生阅读,也可供在职人员参考。

图书在版编目(CIP)数据

职校生创业宝典 /缪世春主编.—2 版.—徐州:中国矿业大学出版社,2009.6

ISBN 978 - 7 - 81107 - 256 - 3

Ⅰ.职⋯ Ⅱ.缪⋯ Ⅲ.职业选择—高等学校:技术学校—教材 Ⅳ.G717.38

中国版本图书馆 CIP 数据核字(2009)第 088187 号

书　　名	职校生创业宝典
主　　编	缪世春
责任编辑	孙　浩　陈振斌
出版发行	中国矿业大学出版社
	(江苏省徐州市中国矿业大学内　邮编 221008)
网　　址	http://www.cumtp.com　E-mail:cumtpvip@cumtp.com
排　　版	中国矿业大学出版社排版中心
印　　刷	江苏赣中印刷厂
经　　销	新华书店
开　　本	787×1092　1/16　**印张** 9　**字数** 225 千字
版次印次	2009 年 6 月第 2 版　2009 年 6 月第 1 次印刷
定　　价	24.80元

(图书出现印装质量问题,本社负责调换)

前　言

　　创业是勇敢者的活动,是智者的游戏。马戏团的大象会被一根细细的绳子束缚,是因为它没有勇气挣脱束缚;扑向猎人的老虎,死在枪弹之下,因为它有勇无谋。创业者应该是勇敢与智慧的化身,他不仅要有勇气冲破横在成功路上的障碍,而且还要学会从薄弱处突破。

　　勇士迈出第一步是成功创业的开始。俗话说:一打纲领抵不上一个行动。有些人畅想无数的创业计划,其中不乏闪光的创意,但最终仍在原地踏步。究其原因,阻挡他们向前迈进的是自己设立的藩篱。毕竟,创业不是按照地图寻找宝藏,而是在摸索中跌跌撞撞向前。不去尝试,就永远不会知道前面的路是否行得通。当人们看到浙江杭州"娃哈哈"成功创富时,可曾想到,原有创始人宗庆后没有当初脚踏三轮,沿街叫卖"冰棒"的辛劳,就不会有今日拥有70亿固定资产的驰名品牌。"不经一番寒彻骨,怎得梅花扑鼻香"。史玉柱说:"90%的困难你现在想都没有想到,你都根本不知道那是困难。"如果没有实际行动就永远不知道创业路上会遭遇什么困难,最终只能在自我设限中徘徊,让新颖的创意胎死腹中。

　　大胆迈出创业的步伐并不意味着无视创业途中的风险。如果创业者只有创业的勇气与激情,而没有系统、详细的创业计划,只会碰得头破血流。成功的创业者都懂得设法将风险降到最低,以增加成功的机会。正如任正非所言:"在这瞬息万变的信息社会里,唯有惶者才能生存。"企业家之所以能够成功,就在于他们懂得如何利用激情鼓舞士气,如何分散风险,为成功创造机会。马云也说过:"只要有一个创业机会,我一定跳下去。"这体现出成功者时不我待的坚定心态。这句话的深刻意义在于,其中的关注点不在于这一"跳",而是怎样才能"跳"得漂亮,及这一"跳"之后的行动。

　　我们邀请从事职教工作多年的行家里手,精心编写了这本《职校生创业宝典》,旨在为胸怀创业欲望的同学们抛砖引玉,增强实战能力,在理性创业生涯中增加成功的机会。创业者在行动之前不妨认真阅读,理清思路,避免冲动与盲目,这也是参加编写本书的老师们的殷切之盼。如今全球金融风暴深不见底,经济回暖迹象尚不明显,对创业者提出了更严峻的课题,必须在稳、准、快上下工夫,才能在经济发展的低潮期,显示人生的聪慧与价值。本书编写过程中,始终把握了三点:鲜明的实用性,是本书的灵魂;通俗的趣味性,是本书的核心;志存高远的引导性,是本书的价值。

一个不甘平庸的人，先决的条件是具备创新思想。在调适好创业心理之时，逐步建立创业意识。在培养创业人格的同时，储备创业能力，拓展创业知识，不断创新创业模式，提升创业管理能力，借鉴全球成功创业的经验和实例。只要不断超越自我，你的人生就一定会五彩缤纷，下一个致富神话，就将因你而诞生。

努力吧，同学们！

编　者

2009 年 4 月 8 日

目 录

第一章 创业意识

　　21世纪是一个和平与发展的世纪,要和平、求稳定、争平等、谋发展,已经成为全世界人民的共同心声和国际形势的主旋律。21世纪是一个合作与竞争的世纪,经济全球化浪潮锐不可当,综合国力较量日趋激烈,整个世界一日千里、变化万千。21世纪是一个机遇和挑战并存的世纪,时代的信息化、经济的国际化、市场的多元化、竞争的综合化、贫富的两极化,共同演绎着一个优胜劣汰、适者生存的社会。在这个每天都有新发展的时代,你要想实现卓越人生,就应该寻找自己最适合的起点与位置,创业就是最好的途径。世界是广袤无垠的,人的潜能也是源源不断的,不要把创业看得很神秘,遥不可及。只要你树立创业意识,坚定信念,充分发挥自己的潜能,创业就不会成为难事;只要善于开拓,勇于进取,就一定会在创业的土壤中收获丰硕的成果,从而谱写出人生卓越的新篇章。21世纪是一个终身学习和自主创业的世纪,终身学习已被称之为"打开21世纪光明之门的金钥匙",创业教育则成为"人生的第三本教育护照"。

第一节　树立正确的创业意识

一、创业意识的内涵

　　创业意识是指在创业实践活动中对创业者起动力作用的个性意识倾向,它包括创业的需要、动机、兴趣、理想、信念和世界观等要素。创业意识集中表现了创业素质中的社会性质,支配着创业者对创业活动的态度和行为,并规定着态度和行为的方向、力度,具有较强的选择性和能动性,是创业素质的重要组成部分,是人们从事创业活动的强大内驱动力。

　　创业意识的形成,不是一时的冲动或凭空想象出来的,它源于人的一种强烈的内在需要,即创业需要。创业需要是创业活动的最初诱因和最初动力。当创业需要上升为创业动机时,就形成了心理动力。创业动机对创业行为产生促进、推动作用,有了创业动机标志着创业实践活动即将开始。而创业兴趣可以激发创业者的深厚情感和坚强意志,使创业意识得到进一步升华。一般在创业实践活动取得一定的成效时,便引起兴趣的进一步提高。创业理想是属于创业动机范畴,是对未来奋斗目标的向往和追求,是人生理想的组成部分。有了创业理想,就意味着创业意识已基本形成。创业者为了实现创业理想,在创业活动中经过艰苦磨炼,又逐渐建立起创业的信念。创业信念是创业者从事创业活动的精神支柱。创业世界观是创业意识的最高层次,是随着创业者创业活动的发展与成功而使创业者思想和心理境界不断升华而形成的,它使创业者的个性发展方向、社会义务感、社会责任感、社会使命感有机地融合在一起,把创业目标视为奋斗目标。

　　很多人都拥有过创业的梦想。但说起创业,人们自然会想到美国硅谷的高科技风险企业,想到创业的艰难……

　　创业的原意即创立基业、开拓业绩,与"守成"相对应。"守成"是指保持前人已有的成就和业绩,创业指的是通过开拓性的思维、创造性的劳动建立事业。创业强调开端的艰辛与困难,突出过程的开拓和创新,侧重于在前人的基础上有新的成就和贡献。

创业的目的在于更充分地实现人生价值。择业是每一个人走向社会都面临的一大问题。是找个好工作,还是自主创业?创业是择业的一种特殊选择形式。创业者具备独自谋生的能力和本领,独立生产、独立经营、独立销售,并逐步有所收益,创下一份家业或产业,成为对社会有益、有用的人。

创业的意义在于更充分地创造社会财富。一个人有没有才华,很大程度上就表现为有没有财富。国家统计局对人们的收入作过一项调查,发现人们接受教育水平的高低与人们的富裕程度是正向关系。才能与财富也不是对立的,应该说是平行的,拥有财富往往意味着你具有某种才能。难怪有人主张"人才"应写为"人财",意为是人才就该发财致富。

人类要生存、发展,离不开财富。党的"十六大"指出:放手让一切劳动、知识、技术、管理和资本的活力竞相迸发,让一切创造社会财富的源泉充分涌流,以造福于人民。人们的艰苦劳动、勤奋工作创造财富,知识、技术、管理创造财富,资本、投资创造财富。从根本上来说,财富是靠创造性劳动取得的,自主创业是赢得财富的有效途径。作为青年人,你应知道没有什么"一夜暴富"的捷径,财富是靠智慧、机遇、实力以及努力而合法取得的。

美国加州妇女赫本14年前开设第一家指甲美容院时,身上还不到400美元,如今32岁的她拥有一家每年获利数百万美元的美容产品公司。虽然没上过大学,精力充沛的赫本却写了一本250页厚的《修指甲手册》,获全美修指甲执照并被审核局采用。她说:"如果我能做到,任何人都可以做到!大学学位并不能保证成功,成功来自努力工作及坚持梦想。未必一定要受过高等教育、具备才华或财富,才能获取成功。只要希望成功,就可以获取成功。"

从她的身上我们可以看出,所谓流行的、时尚的行业,是因为社会确实需要才兴起的。作为一名即将步入社会的职高生,你一定要有远见,树立创业意识,顺应时代发展的潮流。

二、创业意识的主体

在创业过程中,有好的点子,把握好机会,对于创业的你来说,还是远远不够的。你还应当具备合作意识、创新意识、风险意识、敬业意识和信誉意识,不断努力,争取成功。下面就来谈谈这些方面的知识。

1. 竞争意识

有市场经济的存在,就必然会产生竞争。在竞争的条件下,创业者往往总是优胜劣汰,这就是最基本的竞争之道。竞争取胜的基本途径有两条:

一是以力取胜。实力是制胜的客观基础。例如,规模大的战胜规模小的,技术先进的战胜技术落后的,资金雄厚的战胜资金不足的,等等。一般说来,实力强大的能掌握竞争的主动权,这是因为他们的质优、量大、成本低,可以向市场提供价廉物美、数量充足的商品;同时有条件增加服务项目,搞好售后服务。这恰恰符合消费者购买商品的一般规律。特别是在人们对商品要求日益提高的今天,一个创业者尤其要提高自己的经营实力,不断提高自身的竞争地位,建立和保持自身的竞争优势。

二是以谋取胜。人们的消费需求既是多样化的,又是多层次的。市场上不仅存在大量的现实需求,而且无时不在萌发新的潜在需求。这一切,给创业者施谋用计、以巧制胜提供了广阔的舞台。在现实的经济生活中,不乏这样的例子:一个新的企业像弱小的幼苗在参天而立的大企业群中生长,一个勃勃生气的小厂却使年久资深的老厂束手无策,一个名不见经传的企业赢利能力超过了颇有名气的企业，一个势单财薄的企业战胜了势大财雄的企业……这里，更多的是依赖于创业者独到的眼光和创新的智慧。

竞争是实力和智慧的较量，更确切地说，用智力比用实力更为重要。松下幸之助的发迹史就是这一典型的例证，被日本人称为"经营之神"的松下幸之助，年轻时就是个勤于思考善于思考的人，有一次他在市场闲逛，听到几个家庭主妇在议论，家电的电源插头是单用的，很不方便，如果能多用，同时插上几种电器就好了。说者无意，听者有心。松下回去后马上组织力量研究，不久就产出了"三通"电源插头，大受欢迎。当代的创业者要在竞争中异军突起、扬帆竞渡、创造奇迹，必须学会竞争的谋略，掌握和运用竞争的艺术。

2. 质量意识

俗话说："不怕不识货，就怕货比货。"这里比的就是质量。没有质量，就无法在激烈的市场竞争中扎根立足。

给顾客一个好的"印象"是成功的第一步，但赢得顾客的根本是靠物美价廉、货真价实。"好酒不怕巷子深"，一个企业，必须靠质优价廉的产品，树立起自己的高大形象，去征服顾客和市场。北京"同仁堂"在长期的经营中，以配方独特、选料上乘、工艺精湛、疗效显著，在海内外享有盛誉。一次，一个导游带团来店购买"牛黄清心丸"，导游说："我给你们店拉了这么多生意，你们必须给回扣，要不，下次我把客人带到别处去。"店长礼貌地顶了回去："我们没有给回扣这个规矩，我们靠的是'同仁堂'三个字。"导游讨了个没趣，鼓动客人退货。可是旅游者非但没有退货，还多买了100盒。在这里，正是"同仁堂"代表了产品的质量和信誉，像磁铁一样吸引了顾客的心。

3. 法制意识

市场经济是一种法制经济，健全的法制是市场经济的内在要求，任何一项经济活动也都是一次法律活动。如果创业者法制观念淡薄，不会用法律来指导和约束自己的行为，不知道怎样用法律手段来维护自己的正当权益，有法不依，唯上不唯法，重感情不重法，以信任代替契约，结果往往是违法了还不知为什么。

在市场经济条件下，创业者离开了法制轨道抓经济，就像少了一只翅膀的老鹰，再雄健也飞不起来。作为创业者，应该像运动员熟悉比赛规则一样熟悉与自己生产经营相关的法律法规，使一切行为严格限制在法律法规的允许范围内。

一个具有悠久历史的名牌酒厂，为牟取暴利，在厂长的直接授权下，大肆生产假酒，并告诉生产和销售人员，如果被发现而抓获，放心去坐牢，厂里照发工资和奖金。这个不成文的规定，使这个厂的假酒制造者肆无忌惮，结果受到了法律的严厉制裁。

4. 合作意识

培养良好的团结协作精神是创业者应该具备的基本条件。创业者在树立合作意识时，应注意营造和谐的内部气氛，密切企业之间的互惠互利关系，加强与政府、科教界的合作。

企业中的人员可分为两部分：管理人员和员工。企业内部存在的三种关系：管理人员之间的关系、员工之间的关系和管理人员与员工之间的关系。企业要发展，企业内部必须团结，也就是必须处理好这三种关系。企业管理人员的和睦相处，既可以提高办事效率，也可以为员工树立良好的榜样，有助于企业形成团结融洽的气氛；若员工同心协力为企业发展而奋斗，则这个群体的智慧与功能都会增强；管理人员和员工真正心意相向，团结一致，能促进企业的发展，维持企业秩序，实现企业目标。

企业的竞争靠技术,技术靠人才,人才靠教育。加强与科教界的合作是现代市场竞争的客观要求。合作主要表现为企业同科研单位、高等院校的联合,建立稳定的科研、设计、生产联合体,共同负责人才培养、科研以及产品与技术的开发工作。

5. 创新意识

在企业竞争中,如果处处按照别人成功的方式去做,那么成功的机会很渺茫,更多的是成绩平平,甚至是失败。一个人要想成功,最重要的一点是走别人没有走过的路。这就需要树立创新意识。作为创业者应该明确:企业具有新观念、新发明才能有前途;善于竞争的成功之道是出奇制胜和不断的创新。

现在的信息时代为新一代创业者提供了最好的机会,可是,竞争的程度也比过去激烈了很多,这就要求创业者有创新意识,善于在生活中寻找创新的着眼点,开发商机。

6. 风险意识

所谓风险,是由于投资者或经营者在决策过程中,由于对信息把握不准确或者受到不确定因素的影响,而作出影响投资和生产经营收益的决策,最终,导致其投资和生产经营收益的不确定。风险有涉及经济损失后果的经济风险,例如由于经营不善或决策不当引起的亏损;也有未涉及经济损失后果的非经济风险,例如人事变动、舆论导向,等等。风险有经济条件不发生变化时,由于自然行为和人的失当行为而造成的静态风险,它具有可预测性;也有在经济条件发生变化的情况下造成的动态风险,它缺乏规律性而难以预测。

创业者应增强保险意识,采取行之有效的措施规避风险。

7. 特色意识

一个具有特色、不随波逐流的企业在市场竞争中才能占有优势。所以,创业者在经营时应强调特色,并一直贯穿于企业的整体经营过程中。要做到:以创新为特色;以优质为特色;以快速为特色;以信誉为特色。

8. 自主意识

许多人到过温州,被温州人敢于开拓、敢于冒险、千方百计做生意的精神所感染。温州人肯于吃苦、勤于创业,把生意做遍神州大地,做到海外,体现的是一种强烈的创业的自主意识。应该看到,当这种自主创业意识成为一种社会氛围、一种社会风尚的时候,也就为经济和社会的发展注入了不竭的动力。

不安于现状、不满足于已有的成绩,向着更新、更高的目标挺进,应该是树立自主创业意识的开始。人们常说,知足常乐,但在激烈的市场经济竞争面前,知足就是停步,知足就是落后,就会被淘汰。知足何乐之有?况且,与发达地区相比,我们的差距很大。为了把我们的家园建设得更美好,为了使我们的生活质量能得到更好的改善,任务十分艰巨,可以说任重而道远,我们有何知足的理由呢?

勇于创新、敢冒风险、大胆进取、不怕艰险,既要有坚定的必胜信念,又要有锲而不舍的韧劲,这是自主创业最不可缺少的精神状态,也是许许多多创业者成功的经验所在。凡是称得上伟大、壮丽的事业,都是在经过一番艰苦卓绝的拼搏之后才得以成功的。同样,安逸、慵懒和舒适,造就不出令人敬佩的成功者。

勤劳致富、守法致富,是自主创业意识所倡导的社会风尚。那些敢于向命运挑战,敢于跟艰苦恶劣的条件抗争,用自己的智慧和勤劳的双手创造美好生活的创业者,应该受到全社会的尊敬和赞扬。可以肯定,当自主创业意识在我们的社会生活中形成浓厚氛围的时候,离实现振兴中华目标的日子也就不远了。

三、创业意识的误区

目前,许多人在创业意识上存在着一定的误区,了解这些误区对你日后创业大有益处。

误区之一:创业就是一夜致富。

一夜发家致富的故事不断地流传,书店中也充斥着成功企业家如何一朝抓住机会成功致富的案例分析,以及教人如何短时间致富的书。但许多人却不知道成功人士在没有成功之前经历了多少艰辛和波折,更不知道他们成功的关键点是什么。许多人很喜欢读名人传记,希望从他们的经验中汲取养分,却不知在这些人大肆讲述自己成功心得的背后,竟有着完全不同版本的故事。

创业是一个艰辛的历程,初创阶段的企业所面对的困难往往令创业者的个人和家庭生活都受到影响,财政上承受着巨大压力,万一创业失败还要承担一系列后遗症。所以事实上,所谓白手起家,是创业者运用自己有限的资源,自发地利用市场机遇发展事业所进行的一场硬碰硬的战争。创业者在实施的过程中虽说享受着成功的满足感,但更多的是心理压力、焦虑、挫折、无助、付出代价时的痛苦等,酸、甜、苦、辣是每个创业人所必经的历程,甚至有些人事后才发现,他们宁可追求更平凡、更安稳的生活。

误区之二:资本才是唯一资源。

资金并非唯一需要的资源,对于有些行业而言甚至不是最重要的资源,市场上充斥着缺乏出路的资金,所缺的是懂得有效运用他们的公司和企业领导人。白手起家的人往往缺乏资源的支持,资金只是资源的组成部分,其他还包括以下的一系列资源:客户基础,供应商支持,有能力的员工和团队支撑,品牌和声誉,技术和服务支持体系,生产工艺流程等。

创业者应该在创业前就学会如何在非常有限的资源下作战,提早进行充足的准备和积累。其中一个好办法是在没有正式下海之前尽量在目前的工作中模拟,使自己适应将来需要面对的相似环境。以上资源的积累需要一个过程,企业家的成熟需要付出代价;每个人的成长都要交学费,初创的企业由于资源有限注定了难以承受大的失误,没有多少资源可供浪费。而这些代价通常是要付出的,所以如果不在创业前交足够的学费(类似工作中所经历的失败教训、从中获得的感悟等),很可能会在创业初期栽跟头,也可能导致初步成功后的滑铁卢。

误区之三:钱财才是唯一目标。

白手起家的人是拥有某种类型价值观的人,首先他们都具有企业家的价值观,他们既是理想主义者又是现实主义者。创业者实现自我价值的方式是通过发现市场的特定机遇,然后建立一个组织去实现,并通过推出新的产品和服务去满足社会或市场的特定需求。他们都是一群不甘于平凡、愿意为追求理想而付出代价的人,这个理想并不是钱本身,但由于创业者所从事的是商业活动,钱是他们的成绩单和里程碑。但钱不是企业存在的唯一目标,单纯追求利润(尤其是短期利润)的企业是难以长久的。

误区之四:成功拒绝职高学子。

一些家长认为自己的孩子还是"小孩",独立工作都有困难,哪谈得上自主创业。因此,当一些年轻人与家长讨论创业时,不少家长表现比较冷淡,以劝说孩子先学好文化知识为由,把孩子的创业火花扼杀在萌芽状态。① 误认为职高生学历层次低,社会难以认同。他们习惯上认为创业就是创办高新技术的产业公司,涉足的是新兴领域,高学历的大学生、研究生去干还有可能,职高生最多只有一技之长,打工是可以的,要他们自己办公司、搞经营是困难的。实际上,只要有一技之长,有开创性的创业素质,任何人经营一个小型企业,如开办维修部、小作坊等都是完全能办到的。② 误认为职高生缺乏社会经验,自身难以抉择。创业是实践性很强的综合治理活动,年轻人缺乏与社会实际接触的机会,特别是缺乏应具备的经营、管理知识和能力,而且社交等综合性知识能力也很不足,身心素质也不够健全,自身对创业准备不足,有自卑心理。不少年轻人对创业往往感到心有余而力不足,但是创业要"敢闯敢做",有时行动就代表了一切。③ 误认为学生文化基础差,难以涉足创业。许多人认为自己的成绩不好,难以开展创业。不少教师反映当前学生学习态度差、学习习惯差、学习成绩差。由此,不少学校认为能抓好学生的学习就不错了,搞创业教育脱离学生实际。有些教师甚至认为对学生的创业指导是徒劳的。殊不知,创业凭的是人的综合素质,靠的是创造性劳动。

第二节　培养创业意识

一、养成创业意识

21世纪的知识经济给社会带来了巨大变革,尤其是知识产业化、信息产业化的迅速发展,既给我们带来严峻的挑战,也给我们提供了发展的机遇。树立与培养创业意识,你就能走上自主创业之路。

（1）树立远大理想,坚定报国信念。坚持用科学的理论武装头脑,树立正确的人生观、价值观和世界观,坚定为实现中华民族的共同理想、为祖国的现代化建设奉献自己的智慧和力量的决心。

（2）不畏艰难,敢于拼搏。培养强烈的事业心和责任感,刻苦钻研,勤奋工作,努力学习,牢固掌握专业知识及技能;树立高标准、严要求、不怕困难、勇于创新、敢于创业、争创一流的信心,从而激发创业意识。

（3）培养脚踏实地的工作作风。在日常工作与学习中,要坚持解放思想与实事求是相统一,既要敢想敢干,又要求真务实;积极参与各种创业与创新活动,在活动中感受创业情境。

（4）积极投身社会实践,养成善于观察、勤于思考的良好习惯。在实践中锻炼自己,了解社会,了解自我,完善素质,提高能力;通过对事物的观察和思考,激发创业内需,树立创业理想,坚定创业信念。

（5）摒弃安逸思想,培养个人求发展的心理。创业活动过程会遇到很多困难,如果没有坚定的创业信念,仍抱着随遇而安的安逸思想是不可能成就一番事业的。在生活工作中要注意培养个人求发展的心理,积极进取,不安于现状,使创业需要发展为创业动机。

（6）发展健康的个性与兴趣。健康的个性与兴趣可以激发创业者的创业热情,升华创业意识,是创业意识形成的重要因素。因此,要创造可发展健康个性和兴趣的自由空间,积极参加兴趣小组和社团的活动,有意识地培养兴趣、发展兴趣。

二、调适积极心态

两个具有不同心态的人从同一个窗口同时向外观望:

一个人看到的是暗夜和天空的乌云;另一个人看到的却是暗夜里朦胧的月色和云缝里

点点的星光。

为什么有些人能够成为富豪？成为富豪者首先即在于他具有积极的心态。心态不同，所看到的夜景竟是如此的不同。成功的创业者总是用积极的心态去支配自己的人生，即用"积极的心态"来面对这个世界，面对一切可能出现的困难险阻。他们始终用积极的思考、乐观的精神、充实的灵魂和潇洒的态度支配、控制自己的人生。他们不断地克服困难，从而不断地笑着走向成功。而失败者则精神空虚，他们受经历过的种种失败与疑虑的引导和支配，以自卑的心理、怯懦的灵魂、失望悲观的心态和消极颓废的人生目的作前导，其后果只能是从失败走向新的失败，止步于过去的失败之中，不再奋发。

美国著名的成功学家拿破仑·希尔告诉我们，我们的心态在很大程度上决定了我们人生的成败：

我们怎样对待生活，生活就怎样对待我们。

我们怎样对待别人，别人就怎样对待我们。

我们在一项任务刚开始时的心态决定了最后有多大的成功，这比任何其他的因素都重要。

人们在任何重要组织中地位越高，就越能达到最佳的心态。

积极的心态是创业的法宝。香港著名企业家李嘉诚青年时期秉承父志，以积极的心态奋斗不已，终于从一个推销员攀到"港人首富"的宝座上。这一活生生的例子正是对"心态致富"的最好的说明。

"好汉不怕出身苦，勤学苦斗有来日"。在进行创业的过程中，一定要有积极的心态，不怕挫折和失败才能够最终取得成功。

还有一个重要的东西不能少，这就是自信。

常言说得好：世上无难事，只怕有心人。这个"心"就是自信心，就是以自信主动意识为根本特征的积极心理态度。

自信就是力量，奋斗就会成功！古今中外，凡是智能上有所发展、事业上有所成就的人，都有一条成功的秘诀：自信。这些人尽管出身、经历、思想、性格、兴趣、处境等有所不同，但他们都有一个共同点就是对自己的才智、事业和追求充满必胜的信心。自信的意识、自信的力量，足以使一个人潇洒自如地直面人生，以艰苦卓绝的奋斗改变自己的命运或是实现自己的人生价值。古有司马迁宫刑而作《史记》，孙膑刖足而修兵法；近代有又聋又瞎的海伦·凯勒给全世界以新的启示；如今有高位截瘫的张海迪成为时代的先锋和楷模。试观寰宇，多少人杰高擎自信的旗帜，怀着巨大的希望，从逆境中奋起，在挫折中挺进，披荆斩棘，一路豪歌，终于冲上了人生的巅峰，向世界证实了人的伟大。

成功始于觉醒。这个觉醒就是树立"自信主动意识"，即认识到自己有成功的必要。明确了成功的具体目标，相信自己有坚持奋斗、获得成功的能力，也就是有不断追求成功的信念和勇气。这样的心愿几乎人人都有，只是许多人的自信心不够强烈，不够明确，不够坚定。如果你能搞透彻究竟什么是成功心理，自觉地强化自信主动意识，你就完全能够掌握这个成功的法宝，走向成功之路！

贾明芳是一个远在东北佳木斯市的农民子弟。哥哥从小喜欢拉二胡，他也跟着凑热闹，学着拉。经过多年的勤学苦练，兄弟俩拉得都不错。他们长大后，哥哥安于做个业余琴手，从未想过自己会在音乐上有所发展和成就。而贾明芳却不安于现状，他先到省城哈尔滨，后来又闯到北京去拜师求艺。虽然碰到过不少钉子,吃过许多苦,但他始终相信自己能行,不断地刻苦追求。1977年,他同时考取了中央音乐学院民乐系和中央民族乐团。到中央民族乐团工作后,他进步很快,短短几年就当了二胡首席,成为乐团的台柱子。广播电台多次播放他演奏的乐曲,他后来又成为中国音乐家协会会员。这个普通的农家子弟终于获得成功。

自信意识由三个部分组成,是一个人对自己的能力、价值和缺点的积极感觉和认识,也就是自尊、自爱与自强的总和。它反映了一个人对于追求和表现人格魅力的人生价值的能力的判断,是人生杠杆最可靠的支点,也是自我价值观的最坚实的基石。

具有高度自信心的人对生活充满了信心和勇气,具有积极适应环境而又追求自我实现的精神活力。自信心低下的人对生活环境难以适应,对于个人与周围世界的关系,把握不准。许多人的心态是在这两种生活态度之间波动摇摆,并表现出相互矛盾、交替混乱的状态——有时自信,有时自卑;有时振奋,有时消沉;有时清醒,有时困惑;有时充实,有时空虚;有时愉快,有时烦恼;有时进取,有时逃避……所谓发展积极的心理态度,其关键就是让自信主动意识占据主导地位,而且永不让位。这才是具备了自信意识。

坚信自己有能力、有价值,也有缺点,并坚信自己选择的目标经过努力奋斗和争取支持一定能够实现的积极心态,就是成功心理。

创业致富需要自信,这是美国成功学大师拿破仑·希尔的一个重要观点。

在市场经济的猛烈冲击下,中国出现了前所未有的商机。很多人都在寻找致富之路,致富才能满足物质需求。从机关干部到工人,从大学教授到售货员,各个行业、各个阶层的人士纷纷"下海"。在茫茫的商海中,工能致富,农能致富,知识分子也能致富。社会面临的现实又是:家无隔宿之粮的人固然要致富,丰衣足食者亦要致富。一个繁盛的大都会,金融活动之所以格外活跃,就是因为投资已成为各界人士的必然致富途径,而不再是少数人和有关机构的专利。可以说,这是一个无法逃避的时代,每个人都不得不重新审视自己的人生位置。

这个世界是一个体系,无时无刻不在发展,这个发展过程将提供着很多创业的机会。问题是:机遇在你面前,你敢不敢于以果断的行动抓住它,并且把它转化为事业。这里面就有一个信心问题。

独木桥的那一边是美丽的果园,自信的人大胆走过去采撷到自己的愿望;而缺乏自信的人却在原地犹豫:我是否能够过得去? 而果实,都被大胆行动的人摘走了。

心态决定命运,自信走向成功! 尽管成功心理的学说奠基于科学研究的成果,但由于人生委实不易,事情难以如愿,许多人还是不得不相信老祖宗留传下来的"命里注定"的说法,而对成功心理能否决定人生的价值心存怀疑。即使在改革开放的现实生活中,依然存在着几种广泛为人们所接受的决定论学说。他们或单独或联合解释着人的本性和人的命运。主要有这样三种决定论:一是遗传决定论;二是教育决定论;三是环境决定论。这三种决定论都有一定的道理,但其实质都属于"命里注定"的陈旧的思维模式,与我们所主张的心态决定论相比,都不是实事求是的正确观点。

人的伟大就在于具有主体性和能动性,就在于可以树立自信主动意识,就在于能够自觉地生活,创造性地劳动。这种伟大是任何动物都不具备的,因为只有人才能够成为万物之灵,只有人才能够改造生存环境,创造各种财富和文明。人是不会仅仅满足于够吃够穿,也不会满足于已经获取的条件与成就。人的欲望和需要总是不断提高,不断更新,而且还要自我实现——达到自己理想的目标,成为自己期望成为的那种人,这就是人的主体性和能动性。成功心理正是基于人的主体性和能动性而构建起来的人生科学,又是为了充分开发人的主体性和能动性,使更多的人的生活变得更加美好。如果我们听信遗传、教育、环境三种决定论的"决定",那岂不等于承认"命里注定"是真理,只能听天由命了吗?

在相同的环境里成长、生活、学习、工作,从同一条水平线上起步走上人生的旅程,为什么有的人干出一番事业,而有的人却终身平庸无为?即使是从同一个穷乡僻壤的环境里长大的青年人也会有不同的命运,即使是同一个名牌大学毕业的本科生或研究生也会有不同的前途,即使是同一个家庭的双生兄弟或孪生姐妹也会有不同的性格和作为……凡此种种,不同的人生之路是从哪里产生区别,开始分歧的呢?细说起来因素众多,但决定性的因素就在于一个人的意识是否觉醒,精神是否解放,也就是有无自信主动意识。

事实证明:自信主动,就会走向成功。进行投资创业的人,只有在自信主动的状态中才是聪明、能干和坚韧不拔的,才是具有能动性、创造性和应变力的,才会在有路的地方走得更快,而在无路的地方也能踏平坎坷,走出一条路来!

三、做好创业的思想准备

成功的创业者不外乎三种人:特别聪明的人,特别幸运的人,特别能吃苦、能坚持、能忍耐的人。一般情况下大多数人都不是前两种,那么请你努力做第三种人吧。咬紧牙关坚持做下去,成功就在前方等着你!

作为职高生,你要从以下四个层次着力培养自己的创业素质,做好创业的思想准备。

1. 培养敬业精神,能够做好本职工作

敬业爱岗是职业道德的基本要求,既是就业指导的要求,也是创业指导的要求。对已有职业者的创业,就是要有敬业精神,在本职岗位上不断创造业绩。敬业要做到乐业、勤业、精业,要求人必须有开创的个性,使自己本职工作的技术、业务水平不断提高,精益求精。

2. 培养开拓精神,能够胜任部门主管

一个人在敬业的基础上必须有所开辟和拓展。要力求熟悉兄弟岗位的工作特点,做到取长补短。然后,才能胜任车间负责人、部门经理等岗位。而部门主管岗位则要求一个人更有敬业精神,更能创造性地开拓未来。

3. 培养独立意识,能够承包一个部门

改革开放使人们逐步认识到不能依赖别人,而要靠自己的劳动来生活。只要年轻人具有一技之长,就可以独立承包一个单位或部门,自负盈亏,这是较高的创业定位。

4. 培养自主创业意识,能够经营一个企业

自己做主,自主创业,是创业的最高目标。从狭义理解,创业就是指自主创业,但是对年轻人而言,自主创业不一定就非要进入高技术产业,只要具备创业意识、知识和能力,能够开展个体生产或经营小型企业,就达到了创业的最高层次。

第二章 创业心理

第一节 优良心理与创业

本节从创业心理品质作用于创业的全过程来加以探讨,并着重研究在创业实践活动过程中其调节系统功能的心理品质。它一般包括心理过程和个性特征中的情感、意志、气质、性格和创造力等要素,其中意志和情感是创业心理品质的核心。因此,抓住了意志和情感要素,也就抓住了与创业实践活动相关的个性心理品质的总体特征。

一、意志与创业

一个人在从事实践活动时,通常总要根据他对客观规律的认识,先确定行为目标,再选择方法,并组织实施。经过克服重重困难与障碍最终达到目的。而意志就是在不断战胜困难的实践过程中表现出来的。它是与内外部困难进行斗争,坚定地朝着一定的目标努力的具体表现。做任何事情,都需要坚强的意志,需要锲而不舍的坚持精神。择业就业是如此,自主创业更是如此。因为在创业过程中,会遇到各种各样的风险,变化远比计划快。

意志具有自觉性、果断性、自制性和坚韧性等品质。古人云,天将降大任于斯人也,必先苦其心志,劳其筋骨,饿其肌肤。因此,我们要有毛泽东"星星之火可以燎原"的自信,要有张飞长板桥"谁敢与我决一死战"的胆量,要有孙中山"革命尚未成功,同志仍需努力"的锲而不舍精神。胜不骄,败不馁,排除万难,去争取事业的成功。

1948年,英国牛津大学举办了一个主题为"成功秘诀"的讲座,邀请丘吉尔前来演讲。演讲那天,会场上人山人海,全世界各大新闻媒体都到齐了。

丘吉尔用手势止住大家雷鸣般的掌声,说:

"我的成功秘诀有三个:第一是,决不放弃;第二是,决不、决不放弃;第三是,决不、决不、决不放弃!我的演讲结束了。"

说完他就走下了讲台。

会场上沉寂了一分钟后,突然爆发出了热烈的掌声,那掌声经久不息。

一个人一直坚持到最后实在是比较困难的。世界上成功者寥寥,而平庸者却多如牛毛,这就是最好的证明。在这个世界上,真正的失败只有一种情况,那就是彻底放弃,从此不再努力。

那么,是什么造成意志有如此之大的差异呢?

首先是志不同。志是意志的筋骨,它为人们提供精神支柱。有志者的方法总比困难多,无志者困难都成拦路虎,原因就在于志不同。意志坚强的人,用希望作为发动机,不断克服创业道路上的千难万险,一路高歌猛进。而意志薄弱者,稍有挫折,就偃旗息鼓,止步不前。

亚历山大大帝远征波斯,在出发之前,他将所有的财产分给了臣下。大臣皮尔底加斯非常惊奇,问道:"那么陛下,你带什么起程呢?"

"希望,我只带这一种财宝。"亚历山大回答说。

听到这个回答,皮尔底加斯说:"那么请让我们也来分享它吧。"于是,他谢绝了分配给他的财产。

亚历山大带着唯一的希望出发,却带回来所要征服的全部。

如果在面临痛苦时,仍能保持对未来的希望,那就意味着你的成功还有希望。

其次是知不同。知是构成意志的另一重要因素。只有对自己的事业与人生价值有充分的认识,才会产生坚强的意志。不了解自己工作的价值,遇到困难就难以坚持到底。许多成功的创业者对事业执著追求,不是因为他们固执成性,而是因为他们认识到了自己事业的价值和前景。

第三是情不同。意志坚强的人有特别的情趣,在常人看来那些索然无味的事情,对他们来说却有无穷的乐趣。对自己的事业不特别钟情的人,是不可能取得成功的。

在古希腊神话中,有一个关于西西弗斯的故事。西西弗斯因为在天庭犯了法,被天神惩罚,降到了人世间来受苦。天神对他的惩罚是:要西西弗斯推一块石头上山。

每天,西西弗斯都费了很大的劲把那块大石头推到山顶,然后回家休息。可是,在他休息时,石头又会自动地滚下来。于是,西西弗斯就要不停地把那块石头往山上推。这样,西西弗斯所面临的是:永无止境的失败。天神要惩罚西西弗斯的,正是要这样折磨他的心灵,使他在"永无止境的失败"的命运中,受苦受难。

可是,西西弗斯不肯认输。每次,在他推石头上山时就想:推石头上山是我的责任,只要我把石头推上山顶,我的责任就尽到了,至于石头是否会滚下来,那不是我的事。

天神因为无法再惩罚西西弗斯,就放他回了天庭。

如果我们能把命运转换成使命,那么,在很大程度上,我们就能控制自己的命运。我们能控制了自己的命运,那还有什么做不成的呢?

意志常常是在与困难不断地斗争过程中逐渐日积月累而成。因此,要有坚强的意志,就要在创业的过程中,自觉地与困难作斗争,自觉地与自己的弱点作斗争,不断磨炼自己的意志。

二、情感与就业、创业

人的情感对创业实践活动有很大的影响。积极而健康的情感能推动人奋发向上,奋发进取,而消极不健康的情感则使人郁闷颓唐,灰心丧气。所以,在创业实践活动中遭遇不顺时,要善于主动地调节自己的情感,避免急躁和悲伤,防止心灰意冷,保持积极的态度;而当一帆风顺、获得成功的时候,又要善于调节情感,居安思危,以免被胜利冲昏了头脑,盲目乐观。

1914年12月,大发明家托马斯·爱迪生的实验室在一场大火中化为灰烬,损失超过200万美元。那个晚上,爱迪生一生的心血成果在无情的大火中付之一炬。大火燃烧最凶的时候,爱迪生24岁的儿子查里斯在浓烟和废墟中发疯似的寻找他的父亲。他最终找到了:爱迪生平静地看着火势,他的脸在火光摇曳中闪亮,他的白发在寒风中飘动着。

"我真为他难过,"查里斯后来写道,"他都67岁了,不再年轻了,可眼下这一切都付诸东流了。"他看到我就嚷道:"查里斯,你母亲去哪儿了?去,快去把她找来,这辈子恐怕再也见不着这样的场面了。"第二天早上,爱迪生看着一片废墟说道:"灾难自有它的价值。瞧,这不,我们以前所有的谬误过失都给大火烧了个一干二净。感谢上帝,这下我们又可以从头再来了。"火灾刚过去三个星期，爱迪生就开始着手推出他的第一部留声机。

三、气质与创业

气质是一个人心理活动内在力量的个体表现特征，具体反映心理活动的速度、强度、稳定性和指向性，并影响和制约着人的行动及其后果。现实生活中，有的人如张飞直率豪爽，是脾气急躁的胆汁质型；有的人则似孙悟空生性好动，是灵活多变的多血质型；有的人则是静若处子式的黏液质型；而有的人又是多愁善感的林黛玉式的抑郁质型。不同气质的人对同一件事态度各不相同，其差异会不由自主地表现出来。

有两个人搭了辆出租车到一个不很熟悉的郊区。

刚上路，他们有说有笑。但不知为什么，一路上连续遇到五六个红灯。眼看快到目的地了，又碰到了一个红灯。其中一人随口嘟哝着："真倒霉！一路都碰到红灯，就是差那么一步。"

司机转过头，露出一个很自信的笑容："不倒霉！上帝很公平，绿灯时，我们总是第一个走！"

你的人生旅途，可以见到红灯也可以见到绿灯。红灯是让我们停下来思考和欣赏的，人生旅途并不是一味地往前冲。红灯时可以驻足观赏，绿灯时则可以一往无前。

气质本无好坏之分，但与职业的选择和成功有着较为密切的关系。不同的气质应在不同的职业中加以发展，并在各自的岗位上成才。但必须注意的是，在现实生活中，完全属于某一气质类型的人是很少的，大多数人都是介于各种类型之间的综合或略偏于某一类型。

四、性格与创业

性格是人在长期生活实践和环境因素的交互作用下，在人身上形成的某种比较稳定的心理特点，是人的个性特征中的核心因素。它主要靠后天形成的。人的性格与气质不同，它有好坏之分，但可以改变，当环境条件和自我认识水平发生变化时，一个人的性格就会发生变化。自私自利的变得乐于助人，危害社会的变得服务社会。

由于性格渗透到心理、行为的各个方面，故不同的性格特征对职业的选择和职业成就又产生必然影响。所以要根据个人的性格特征，确定自己创业的发展方向。让我们看看下面这则小故事对我们有什么启示。

父亲要对一对孪生兄弟进行性格改造，因为其中一个过分乐观，而另一个则过分悲观。

一天，他买了许多色泽鲜艳的新玩具给悲观的孩子，又把乐观的孩子送进了一间堆满马粪的车棚里。

第二天清晨，父亲看到悲观的孩子正泣不成声，便问："为什么不玩那些新玩具呢？"

"玩了就会坏的。"孩子仍在哭泣。

父亲叹了口气，走进车棚，却发现那乐观孩子正兴高采烈地在马粪里掏什么。

"告诉你，爸爸，"那孩子得意洋洋地向父亲宣称，"我想马粪堆里一定还藏着一匹小马呢！"

悲观的人是先被自己打败，然后才被生活打败；乐观的人是首先战胜自己，然后才战胜生活。悲观是一种毁灭，乐观是一种拯救！现实生活中我们要不断改造自己的性格。

五、创造力与创业

所谓创造力，就是产生新思想、新发现和创造新事物的能力，它是成功地完成某种创造性活动所必须具备的心理品质。大量事实表明，创造力的强弱与事业成功率的高低成正比，创造力强的人总能先于他人到达成功的彼岸。我们看看下面这个小问题要怎样解决。

一条大河上架有一座桥，要过完这座桥需要两分钟的时间，但桥两头都有一个岗哨，每隔一分钟就有人出来查看一次，不让河两边的人到对岸去。如果你有急事过河，怎样才能顺利过桥呢？

方法其实很简单：用一分钟的时间走到桥中央，在岗哨有人出来前先掉头往回走，这样站岗的人就以为你是对岸的，自然会将你"赶回"河对岸，目的也就达到了。

人生时时刻刻都会碰到各种各样的困难，不顾一切地向前虽然勇气可嘉，但有勇无谋那是许褚的赤膊上阵。在前进的合适时机试着往后退一步，回头向后看一看，世界反而又是一片海阔天空。

第二节 不良心态与创业

一、人格方面的不良心态及其调适

1. 自卑与依赖

人们常说，自卑如潮湿的火柴，永远也放不出耀眼的光芒。它与自信相反，主要表现为缺乏信心、行动畏缩，表面看是怕别人看不起，而实际上是自己缺乏自信。

创业总免不了要遭遇到或轻或重的挫折打击，这本是一种正常现象。然而，很多人在受挫后就产生了自卑心理，常常陷入失败——自卑——再失败——更自卑的怪圈之中。低估自己、怀疑自己能力的人，实际上患的正是缺乏自信的不良心病——自卑。

当然，也有人认为，把自己的能力估计得低些，这是一种谦虚的表现，怎么是一种心理障碍呢？这当然有一定道理，但过分的谦虚就缺失了毛遂自荐式的勇敢，也就抑制了自身创造力的发挥。经常把自己摆在不如他人或低人一等的位置上，并不是出于谦虚，而是自卑心理在作祟。

与自卑为伍的是依赖。父母如果对子女过分宠惯，无所不包，就会养成子女的依赖心理。学校重智育、重知识、重考试、轻能力的应试教育，导致高分低能。青少年的潜在独立性得不到实践的锻炼，更谈不上发挥与开发，这与我们的现实需要大相径庭。我国社会主义市场经济体制的建立和发展，需要我们走自立人生的创业之路，消除依赖心理，摆脱依附状态。那么我们如何才能消除自卑这一创业的拦路虎呢？

首先，我们要建立起积极的自我印象。我们可以尝试做一件自己未曾做过的事情，如在班级活动中表演个节目，参加一项体育比赛，制作一件小发明等，并努力把它做好、做成功。只要我们投入了足够的时间和精力，就会掌握某些方面的本领和技巧。其次，必须注意，我们不要太在意别人的赞同与肯定。但丁说得好："走自己的路，让别人去说吧。"其三，目标须大，但起点要低，否则就会不能起步。要学会从大处着眼，小处着手。

人生的成功与否，固然与外部环境有关，但更与自己的成功意识有关。一个人的自信心并非与生俱来，而是在不断战胜困难中逐步培养起来的。我们有些人从一起步就带着沉重的心理负担，使得整个生命的旅途都疲惫不堪。而正因为负担已经太重，沿途即使遇到珍贵的东西，也不能携取，结果一无所获地走完全程。

大音乐家贝多芬应该说是十分不幸的，他到了晚年耳朵完全聋了，作为从事音乐事业的人，这是一种致命的打击。他指挥着交响乐队演奏，自己却什么也听不到，听众向他报以雷鸣般的掌声,他也不知道,到了同伴向他示意的时候,他才猛醒过来,向听众致谢。

然而,就是这么一位生理上存在如此严重缺陷,几乎完全听不到任何普通音乐的人,却陆续写下了大量的动人乐章。这位不幸的音乐大师,他所感受到的幸福是许许多多的人所无法体会到的:不被缺陷和困难吓倒的那种劳动创造的快乐!

2. 恐惧与怯懦

恐惧与怯懦是创业的又一大障碍,它往往会使人放弃尝试,因而丢掉成功的机会。有一位毕业生,面对严峻的就业市场,自己在家不敢出门,而是靠年迈的母亲在各用人单位之间穿梭。试想,哪个用人单位愿意用这种具有懦夫心理的人呢。遇事胆小,因循守旧,惧怕接受新生事物,不敢涉足大风大浪,留恋风平浪静的生活,总想回避激烈竞争,这种人在当前世界风云变幻、市场竞争激烈、社会变革急剧加快的社会背景下,只能成为现实生活的旁观者、时代的落伍者。

有一个人从未看见过海,一天他来到海边。那儿正迷雾笼罩,天气又冷。"啊!"他想:"我不喜欢海,幸好我不是水手,当一个水手太危险了。"

在海岸边,他遇见了一个水手,他们交谈起来。

"你怎么喜欢海呢?那儿弥漫着雾,又冷,太危险了。"

"海不是经常都冷和有雾的,有时它明亮而美丽,但不论何种天气,我都爱海,我的所有家人也都爱海。"水手说。

"你父亲现在在何处呢?"

"他死在海里了。"

"你的祖父呢?"

"死在大西洋里。"

"你的哥哥——"

"他在印度的一条河里游泳时,被一条鳄鱼吞食了。"

"既然如此,"看海的人说,"如果我是你,我就永远也不到海里去。"

"你愿意告诉我你父亲现在在哪里吗?"

"他死了,是在床上断的气。"看海的人说。

"你的祖父死在哪儿呢?"

"也是在床上。"

"这样说来,如果我是你,"水手说,"我就永远也不到床上去。"

当一个人热爱他的工作时,他就不会想到什么危险。生活的幸福和充实也就会随之而来。在懦夫的眼里,干什么都有危险,而热爱生活的人,却总是藐视困难,勇往直前——这就是看海与出海的区别。

由此我们可以领悟到,如何才能消除恐惧怯懦的不良心态呢?关键是要解放思想,勇于实践,不断战胜困难,从而树立自信。

3. 孤傲与妒忌

有些人对自己没有清醒的认识,缺乏客观的自我分析和自我评价,常存傲气。面对现实有英雄无用武之地的感叹。这些人在择业时常常期望值过高,不是看不上单位,就是瞧不起职业,要么是嫌薪水太低;创业时大事干不了,小事又不想干,不切实际空想未来,使自己的创业目标与现实产生很大的反差。

孤傲的连锁反应是妒忌，即对他人取得的成就产生不愉快的情感，这种心态往往把别人的优势视为对自己的威胁，因而感到心理不平衡，从而产生恐惧和愤怒，于是想方设法极力用贬低、诽谤乃至用破坏性的手段来求得自我的心理补偿，以摆脱恐惧和愤怒的困扰。如果具有这种强烈而持久的妒忌心态，往往会导致害人又害己的不良后果。

克服孤傲妒忌心态，主要靠提高道德水平，加强自我修养，在充分认识其危害性的基础上，正确对待自己，正确看待人生，并取人之长，补己之短。虚心学习，关爱他人，多进行换位思考，多为别人着想。

二、情绪方面的不良心态及其调适

1. 过度焦虑

焦虑在应激反应中最为常见，它主要是由心理冲突或遭受挫折引起的。人在遇到重大事件的前夕常会出现这类心理反应，这是人对即将到来的、担心会出现不良后果的事态表现出来的复杂的情绪状态。由于没有任何体验，或准备不充分，导致这一心理本来是一种很正常的心理，但少数青年学生常常因为过分担心，精神负担过重而紧张烦躁，焦虑不安，萎靡不振，以致在学习上穷于应付，反应迟钝，成绩下降；生活上意志消沉，寝食不安。严重的心理失常，产生心理障碍，甚至于产生严重的心理疾病。

克服焦虑心理的方法，主要是要更新观念，打破传统的事事求稳、求顺的思想，树立市场竞争的新观念。确立了竞争意识，不怕风险和挫折，焦虑的心理一定会得到缓解和克服。

消除过度焦虑的情绪，应找出导致焦虑的原因，并对症下"药"。设法解开心头的千千"结"，坦然地迎接新的生活。

2. 抑郁冷漠

同一个社会环境，对抱有乐观态度的人来说，充满着光明和希望；而在那些悲观人的眼里，却是充满着荆棘和危险。

抑郁冷漠的主要表现是：情绪低落，终日忧愁，感情脆弱，无端生疑，稍有风吹草动，便作自我联想，且难以排解；意志消沉，悲观失望，对前途失去信心，不愿奋发向上，不愿接受新事物；精神不振，体力衰退，整日无精打采，以致动作迟缓，反应迟钝，缺乏生气，未老先衰。这是一种可怕的情绪障碍，它可以扑灭人心头的希望之火，使一些有才华的人沦为平庸，造成人的身心健康受损。别里科夫常有一句口头禅就是"可千万别出什么乱子"，就是一种典型逃避现实的表现。

产生忧郁情绪的原因很多，但不外乎个体因素和社会因素两个方面。从个体因素看，一般表现为某种性格上的弱点，如性格十分内向的人，当受到某种打击时，不愿向别人表达自己的内心感受，不善与他人交流，只是将其深深地埋在心底。这样，久而久之，便会产生内心心理的质变，以至于抑郁成疾；从个人的社会因素来看，个人身世和经历的种种不幸常常会引起社会的歧视，从而导致人的心里感到压抑。由于心理"包袱"沉重，不与他人交往，以至于缺少欢乐，成为寡欢郁闷的人，并对社会产生不满情绪。

那么，如何消除不良的情绪呢？一般不外乎以下几种：

一是要走出个人的小圈子，多去了解他人，并设身处地转换角色，多从不同的角度去看待和处理问题。始终保持与四周环境的良好接触，尽可能去认识它、了解它。二是要以一种开放的态度去观察、解释所接触到的事物和现象，多看好的方面，多从正面分析。忧郁者往往对不幸的遭遇特别敏感，而对生活中的乐趣与好事却麻木不仁，熟视无睹，充耳不闻。所以要用可喜的情景激发自己的情绪。在这个世界上,没有人能始终一帆风顺,遭遇挫折和失败是正常的,它能促进我们尽快成长并成熟。三是当遇到不幸时,要想方设法静下来,渡过"难关"。可以从事体育活动,分散自己注意,可以找人聊天,排解内心的苦闷,可以与长者或老师进行交流寻求帮助,也可以进行专门的心理咨询等。

三、行为方面的不良心态及其调适

行为方面的不良心态很多,我们主要谈谈以下两种。

1. 急于求成

"杀鸡取卵"和"揠苗助长"是典型的违背事物发展客观规律的行为。然而在现实生活中,常常有人因为急于求成而在不知不觉中做出这样的蠢事。

急于求成是一种行为障碍,它往往是因为过分看重行为结果与自身利益的直接关系,而忽视了行为过程以及间接要素的作用,使理想与实际间造成相反的结果。急功近利者常常不遵守事物发展的客观规律,以个人意志为转移。在遭遇挫折后又缺乏忍耐,且把这种情绪带到新的活动中,造成连锁的行为挫折。更有甚者,为了尽快地满足个人私欲,常投机取巧并不惜侵犯他人利益。

因此克服这种行为障碍,我们可从以下几方面进行:一是要增强自制力,努力控制自己的急躁情绪,防止"急功近利"念头和欲望出现;二是要增强克服困难的毅力,敢于直面困难,不绕道困难或蛮干;三是要培养持之以恒的耐久力,恒心和耐久力常常是取得成功的关键因素。只要我们具有改变的决心和恒心,这一不良习惯是可以矫正的。让我们来看看小海马的故事:

一天,海马做了个美梦,梦中有七座金山在呼唤它。小海马决定去寻找属于自己的财富,并且变卖了它全部的家当,带上了换来的七个金币。

但是它觉得自己游得太慢,后来它看到了鳗鱼背上的鳍,于是就用四个金币买了下来。尽管速度提高了许多,但是海马还是没有看到梦中的金山。

半路上,它又看见了水母的快速滑行艇。为了提高自己的速度,海马忍痛用剩下的三个金币买下了这个小艇。这次它的速度提高了五倍,但是金山还是没有出现。

一条大鲨鱼出现在它的面前,热情地说:"要是有我的帮助,你想有多快就有多快。我本身就是一艘风驰电掣的大船,你上船吧!"大鲨鱼一脸的友好和善,张开了大嘴。

小海马高兴地说:"谢谢你! 我应该找到金山了!"说完钻进鲨鱼的口里……

在现代社会的高节奏生活压力下,无论干什么总在提醒自己:快一点,再快一点。盲目求快,欲速则不达。急功近利,不顾自己的实力,虽竭尽全力,但却一事无成。

2. 朝三暮四

在创业活动中,朝三暮四是一种适应性行为障碍,这一行为的心理原因是多方面的,主要是在创业前对所从事的工作缺乏深刻的认识,对所遇困难没有充分思想准备,因此干任何事情总是半途而废,难以成功。有这样一位青年人,他看到举重运动员轻轻举起杠铃,于是决定学举重,可几天下来腰酸腿疼,于是知难而退改学游泳。心想游泳很有趣,且不需费力,可下水后几口水下肚而头昏眼花,这才发现不是个好差事。于是决定放弃游泳改学射击。射击不要负重,也不会呛水,是绝好的运动,心想这下总算选对了。然而……世界上总有那么多的然而,当别人站在高高的领奖台上时,他仍然一无所获,才刚刚开始新的奋斗。

具有这种行为障碍的人,因随便行事而屡遭失败。他们容易兴奋,也容易厌倦,看问题常常绝对化。兴趣如飘忽的浮云。他们没有专一的目标，反复无常，尽管异常活跃，终日奔波劳碌，却是竹篮打水一场空。

其实，成功并非是一蹴而就的。你一旦有了这个发现，就不会因为没能在一夜之间取得成功而灰心失望。

美国纺织品零售商协会曾进行过一项研究指出，最初的努力不成功，几乎能令一半的推销员失败。通过调查他们获得了如下的统计数字：

48％的推销员找过一个人之后不干了。

25％的推销员找过两个人之后不干了。

15％的推销员找过三个人之后不干了。

12％的推销员找过三个人之后继续干下去，但80％的生意是由这些推销员做成的。

那些看似一夜成功的人，其实是经过了多年努力才取得那些成就的，是日积月累的结果。他们是属于那种深信不疑毫不气馁不断努力而取得成功的人。

矫正这一行为障碍的关键是要培养足够的耐心和持久力，勇于创业，善于创业，并要选择一个适当的项目，耐心地干下去，积少成多，才能成大业。

第三节 心理准备与创业

一、培养良好的择业心境

择业的竞争不仅是一项综合能力的比拼，也是心理素质的竞争，心理素质有时甚至起关键作用。实践表明，良好的择业心境主要体现在能理智地看待择业问题；能冷静地分析择业形势；能清醒地认识到自身能力；能坦然面对择业竞争；能乐观地摆脱择业挫折。所以，我们在平时就要有意识地培养自己良好的择业心境，注重健康心理素质的养成，消除可能出现的易引起不良心态的消极因素。

要保持良好的创业心境，就必须充满自信。它是一个人前进的动力，成功的第一秘诀。车尔尼雪夫斯基有句名言：假如一个人总想着我办不到，那他必然会办不到。充满自信是青年学生择业成功的前奏。但充满自信并不是盲目乐观，而是对困难有充分的估计。自信了也不等于就没有失败。做任何事情，既可能成功，也可能失败。但只有充满自信的人，才能真正从失败中吸取教训并最终取得成功。青年学生择业时，既要为成功做好充分的准备，做最大的努力，也要能勇敢地面对失败的痛苦，做最坏的打算。这样，在择业过程中才能轻装上阵，以平常的心态对待择业的成败得失。

二、完善个性，适应职业需要

由于社会生产、生活范围十分广阔，职业岗位千差万别，而不同的职业与岗位对人的个性特征有着不同的甚至是特殊的要求。在一般情况下，具有某种个性特征的人如与所从事的职业要求不符，则易导致工作质量降低。相反如果对从事的工作具有广泛兴趣与爱好，则有利于提高工作质量。因此，青年学生为了适应未来职业岗位的要求，必须自觉调整自己的个性，发展自己的个性，锻炼培养自己的能力，尤其是培养职业兴趣，把个人兴趣与社会实际需要相结合，避免不切实际的空想，才能与时俱进，从而消除自己气质中的消极因素，更好地胜任未来工作。

美国一家汽车商招聘推销员，许多相貌堂堂、一表人才、高学历的应聘者均未被录用，而一个身穿粗布工作服、脚着一双帆布运动鞋的"大个子杰姆"反而接到了已被录用的电话通知。

在此之前,杰姆不用说卖汽车,任何其他货物都不曾卖过。他的外貌和他的经历都不表明他能做推销工作。为什么"考官们"决定录用杰姆呢?因为他一进门,见到陈列室里的汽车,就大声嚷嚷地说:"说真格的,我从心眼里想把这些汽车卖出去哩!"他的热情被考官们注意到了,幸运地获得了高收入的汽车推销岗位。

这位"大个子杰姆"一开始工作,就从心眼里想看看那个"西雅图世界博览会"。他在那个月的第一周内卖汽车所得到的钱不少,足以供他在西雅图度过两星期之用。在该月的最后一星期又赚了不少钱,相当于推销部其他人员的全月收入。

他的业绩证明了考官们选拔推销人员的英明决策。技巧可以边干边学,而具有热情和信心这一内在的基本素质的人,才是最难得,最宝贵的。

三、求真务实,调整职业期望

每个人都有着对现实的物质生活和精神生活的追求,都希望获得一份能满足自己需求的工作。但是,现实与理想常常存在落差,在这种情况下,有的人只会执著于固有的择业目标,不肯在一时无法实现原来目标的情况下改变初衷,灵活地根据现实需要及自身条件调整自己的择业期望值,或改变达到目标的实施方法。

我们来看看正确的做法。

一位美国青年很希望在棒球运动上有所发展,但由于家庭贫穷而不能学习,他便主动找到球队表示愿意免费为他们捡球,球队当然很乐意,于是他就成了球队的一名球童。

每当球队在休息之余,他就有机会练习打球,并得到球员们的指点。而在以后的业余比赛中也便经常成为他们中的一员。

有一天,球队准备进行一场重大比赛。然而,在比赛前一刻,有位球员突然生病,由于平时在业余比赛中的良好表现,于是球队让他替补上场,他不负众望,表现出色,使球队取得重大胜利,成为球队的功臣。

他理所当然地成为球队名正言顺的一名正式球员。于是他不断努力,最终成长为全美最出色的棒球运动员。

因此,在遇到择业目标难以实现的情况时,不妨在实现目标的方法上做些灵活的改变,或者先改变一下择业标准,争取先就业,再在新的职业领域里培养兴趣,或积极创造条件,积蓄力量,在可能的条件下继续向原有的职业方向努力。在现实择业实践中,许多人正是像前面所提到的美国运动员一样,他们或者"退一步海宽天高",或"殊途同归",最终实现了自己的职业理想。

第三章　创 业 人 格

　　我国心理学家在结合国内外多项研究成果的基础上发现,心理因素尽管很多,但独立性、敢为性、坚韧性、克制性、适应性、合作性等人格个性心理特征对创业实践活动的影响最为显著,成为我们创业征途上事业大厦发展的基石,其核心则体现于个人的情感和意志。

第一节　独立性与合作性

　　独立性指思维、行为不受外界和他人的影响,表现为思维上认识的独特性、行为上的自主性、行动上的独创性,即能够独立思考、选择行动的心理品质。合作性是指能设身处地为他人着想,善于理解、体谅对方,善于合作共事的心理品质。独立性与合作性相辅相成,交互作用,相互制约,在创业实践活动中发挥着重要的作用。

　　创业,就是不依靠别人的供养,摆脱别人的控制和世俗影响,独立思考,自主行动,依靠自己的劳动和智慧,为社会积累物质和精神财富,推动社会进步,走上兴家立业的自立人生之路。所以,独立性是创业者最基本的个性心理品质,具体表现为:

　　一是思维独立。在自己人生道路的选择上,在创业决策上有自己的独特见解和主张,不人云亦云,自己认准了经论证具有可行性的事情,就义无反顾地干,凭自己的努力去闯出一条事业成功之路。

　　很多年以前,日本有这样一位个子矮小的年轻人。由于家境贫困,瘦弱的肩膀不得不挑起养家糊口的重任。

　　一天,他来到一家电器工厂,找到一位负责人,提出能否给他安排一项工作,哪怕是再低下的也行。对方注意到他身材瘦小,衣冠不整,不想录用,但又不便直说,于是婉言拒绝道:"我们厂目前暂不缺人手,您一个月后再来看一看吧!"

　　过了一个月,年轻人果真来了。对方又推托说:"我现在有事,等几天再来。"

　　一个星期后,他又进了工厂的大门。如此反复多次,这位负责人再也找不到托词,只好实话实说:"先生,您的衣着太寒酸了,无法进我们厂工作。"

　　年轻人二话没说,回去后向别人借钱,狠下心买了一套整齐的服装。他精心打扮,返回厂里。对方在无可奈何之际,只好以他电器方面的知识太少为理由,拒绝录用。

　　两个月过去了,年轻人又出现在这位负责人面前,诚恳地说:"先生,我已经学了不少有关电器方面的知识。您看我哪方面还不够,我会一项一项地去补课。"

　　对方两眼盯着这位坚持不懈的年轻人,看了老半天,然后感慨道:"我搞人事主管工作多年,可还是第一次碰上您这样来找工作的,真服您了。"

　　就这样他以顽强的毅力打动了这位负责人,终于进厂工作。他后来又以超人的努力,逐渐发展成为一个非凡的人物。这位年轻人是谁呢? 他就是日后当上了著名的日本松下电器公司总裁的松下幸之助。

这里我们不谈松下幸之助成功背后的烈火般的热情、钢铁般的意志和坚强的毅力,而只看其思维独立,不为重重阻力和各种困难所左右,不为他人所左右,认准目标干到底的个性心理品质。

二是行动自主。在作出抉择以后,独立自主地采取行动去实现自己的理想,不受世俗陈旧观念的支配,不看别人的脸色行事,坚定地走自己的路。青年人创业伊始难免有人评头论足、说三道四甚至冷嘲热讽。在你遇到意外挫折时,常有"事后诸葛亮"出现,说风凉话,埋怨、嘲笑当初你没听他的"忠言"。在这时候,我们决不能动摇信念,停止行动,而应根据自身情况与实际做出应对才能取得成功。

三是行为独创。就是能开拓创新,独树一帜,不因循守旧,步人后尘。

有一家生产牙膏的公司,产品优质,包装精美,很受消费者喜爱,营业额连续 10 年递增,每年的增长率都在 10%~20%。可是到了第 11 年,企业业绩停滞下来,以后两年也如此。公司经理召开高层会议,商讨对策。

会议中,公司总裁许诺说:"谁能想出解决办法,让公司业绩增长,重奖 10 万元。"有位年轻经理站起来,递给总裁一张纸条,总裁打开纸条,看完,马上签了一张 10 万元的支票给这位经理。

那张纸条上只写了一句话:将现在牙膏开口扩大 1 毫米。消费者每天早晨挤出同样长度的牙膏,每天牙膏的消费量将多出多少呀!公司立即开始更换包装,第 14 年,公司的营业额增加了 32%。

一个小小的改变,往往会引起意料不到的结果。我们常常生活在一种习惯里,面对生活中的变化,我们常常习惯于过去的思维方式,思维有了定势,心路就狭窄,许多事情会想不开。其实只要你把自己的心径扩大 1 毫米,就会看到生活中的任何变化都有它积极的一面,充满了机遇和挑战。

独立性是创业者自立自强的人格因素,但独立不是孤独,更不是孤僻。人不可能孤立于这个世界,在创业时必须融入团队之中,个体的独创与优良团队的相互密切合作,才能共同为事业的发展壮大添砖加瓦。成功的创业者大都是出色的社会活动家,他们善于与各种人打交道,积极主动地与人交往、交流、合作、互助。在合作交流中取人之长、补己之短、沟通信息,共同发展,"众人划桨开大船"。既不依赖、听命于他人的安排,又能与他人密切配合,独立性与合作性在其个体身上达到完美统一,才能把事业做大做强。

第二节　敢为性与克制性

敢为性与克制性也是一对相辅相成的心理品质。在创业活动中交互作用,相互制约,相互调节。

敢为性,即有相当的胆量、气魄,有胆有识敢于行动,敢冒风险,勇于承担行为后果。这种品质是独立性品质的前提,独立性品质是敢为性品质的具体表现。美国福特汽车公司前总裁凯德威曾说,冒风险"是人类发展臻于成功境界的首要推动力"。从事创业活动,百分之百成功的把握是极少的,它必然会有一些风险,且这种风险与事业规模的大小、成就的高低相伴而生。待在家里什么也不干,的确不会有风险,但也不会有事业和成就。风险与机会往往是一对孪生姊妹,不敢冒风险就会错失机会。假如前人缺乏冒险精神、创新精神,今天就不会有电、宇宙飞船、人造卫星,也没有汽车和火车……成千上万的科学成果将不会产生。对于从事创业活动的人来说,如果不敢"第一个吃螃蟹"就不可能有所作为。敢为性强的人对事业的倾向,总是处于一种积极的心理状态,他们不断地寻找新的起点,并及时付诸行动,表现出自信、果断、大胆、敢冒风险,当机会出现的时候,往往能激起心理冲动,并一往无前。在我们周围的每一个创业成功者,几乎都是迎着风险上,从风口浪尖上滚爬过来的,而且仍然继续迎接着新的风险不断挑战,在"风险——机会——成功"的循环往复中求生存、谋发展。当你设想着自己的宏伟计划,而希望与现实之间看起来又相隔遥远,且足下满是荆棘的时候,有无敢冒风险的精神,往往决定你能否勇敢地起步和大胆地行动。有一首歌唱得好:"爱拼才会赢",立志创业必须敢闯敢拼,有胆有识,才能变理想为现实。

创业需要敢作敢为,但敢为不是冲动,不是盲目,不是许褚的赤膊上阵,更不是任意妄为或胡作非为。

它是一种在理性心理指导下的坚定行为,是建立在实事求是基础上的。敢为常常与克制为伍,这种克制表现为情感上的自控、行为上的自我约束与心理上的自我克制。

在创业过程中要善于克制,防止冲动。克制性是一种有益的心理品质,这种心理品质能积极有效地控制和调节自己的情绪和情感,约束自己的行为。创业活动固然要靠个人努力,但它是在一定的社会组织结构中进行的个体活动和劳动竞争,因而必须符合一定的社会道德规范。一是要自觉接受政策、法律、法规的制约,即合法创业,守法经营,依法行事;模范地执行政策,自觉接受有关部门的监督管理;坚决杜绝不顾政策法规而唯利是图的所谓"冒险致富、侥幸取胜"、非法生财的贪婪心理。二是要自觉接受社会公德和职业道德的约束,即文明经商,诚实经营。创业者欲兴业求胜,道德、信誉贵如生命。如果在利益诱惑下不能自我克制情绪、控制行为,便很容易为了个人或小群体的利益,而损坏公众利益、客户利益,这样势必自毁形象、自断财源,因小而失大。三是要以事业的生存和发展为重,克制情绪。顺利时不忘乎所以、得意忘形,成功时不趾高气扬、头脑发热,失败时不灰心气馁,一蹶不振,必要时能忍辱负重、委曲求全。创业必须和各方面的人打交道,不能单凭自己的好恶去选择对方,有时你必须逆着自己的脾气性格,违心地与其周旋,以屈求伸,越王勾践卧薪尝胆,创立大业,终成春秋五霸之一,我们从中可见一斑。

第三节 坚韧性与适应性

坚韧性和适应性又是一对相辅相成的心理品质,它们也相互制约,交互作用,在创业活动中发挥着重要的调节作用。

坚韧性指为达到某一目的,坚持不懈,不屈不挠,并能够承受挫折和失败的心理品质。创业不可能一帆风顺,没有克服困难、艰苦奋斗、战胜逆境的信念,没有始终如一、坚持到底的精神,没有坚韧不拔、不怕挫折和失败的个性品质,就会望而生畏,知难却步,遇挫收兵,其结果只能半途而废,功亏一篑。在创业中迎着困难和逆境而上的决心和韧劲是取得成功的关键。

创业贵在坚持,这是毫无疑问的。但市场"千转百折,瞬息万变",在实现创业目标的过程中,如果客观情况发生了变化,仍然盲目地停留在原有的认识上而去加以实施,或者明摆着是难以行得通的事,却不顾条件地蛮干,决不会取得好的结果。成功与所流汗水和鲜血的多少并不完全成正比。"荆人有欲袭宋,使人先表澭水。澭水暴益,荆人弗知,循表而夜涉,溺死者千有余人,军惊而坏都舍。向其先表之时可导也,今水已变而益多矣,荆人尚犹循表而导之,此其所以败也。"历史的教训值得借鉴。因此,在具有坚韧性的同时还必须要有适应性品质来调节、辅助。

适应性指能及时适应外界环境和客观条件的变化,灵活地进行自我调整的心理品质。科学技术突飞猛进,新材料、新设备、新工艺层出不穷;市场行情瞬息万变;人们的消费观念、生活需求在不断更新,不断提高。因此,无论创业者从事何种职业,都必须努力使自己与不断变化着的市场相适应,做到与时俱进。练就"眼观六路,耳听八方",善于捕捉市场信息的能力;"逢山开路,遇水搭桥","行船能借八面风"的市场驾驭能力;"水里是蛟龙,地上是猛虎,空中是雄鹰"的广泛适应能力。只有具备了适应性品质,才会有主动意识,瞅准行情,抓住时机主动出击,不失时机地进行自我调整,从而在激烈的竞争中立于不败之地。坚韧而不失灵活,才能创业成功。

两个青年一同开山,一个把石块砸成石子运到路边,卖给建房的人;一个直接把石块运到码头,卖给杭州的花鸟商人。因为这儿的石头总是奇形怪状,他认为卖重量不如卖造型。三年后,他成为村上第一个盖起瓦房的人。

后来,不许开山,只许种树,于是这儿成了果园。他们把堆积如山的梨子成筐地运往北京和上海,然后再发往韩国和日本。因为这儿的梨汁浓肉脆。曾卖过造型石头的那个果农卖掉果树,开始种柳。因为他发现,来这儿的客商不愁挑不到好梨,只愁买不到盛梨子的筐,他成为村上第一个盖起楼房的人。

再后来,一条铁路从这儿贯穿南北。种过柳的那个人在他的地头砌了一堵三米高百米长的墙。墙面向铁路,两旁是一望无际的万亩梨园。坐火车经过这儿的人,在欣赏盛开的梨花时,会突然看到四个大字:可口可乐。据说这是五百里山川中唯一的一个广告,墙的主人凭这座墙,每年有四万元的收入。五年后,他成为村上第一个在城里买房的人。

20 世纪 90 年代末,日本丰田公司亚洲区代表山田信一来华考察,他听到这个故事,被主人公罕见的商业头脑所震惊,当即决定下车寻找这个人。

当山田信一找到这个人的时候,他正在自己的店门口与对门的店主吵架,因为他店里的一套西装标价 800 元的时候,同样的西装对门就标价 750 元;他标价 750 元时,对门就标价 700 元。一个月下来,他仅批发出 8 套西装,而对门却批发出 800 多套。

山田信一看到这种情形,非常失望,以为被讲故事的人欺骗了,当他弄清真相之后,立即决定以百万年薪聘请他,因为对门的那个店也是这个人的。

第四章 创 业 能 力

创业能力是创业成功的必备条件,是一种高层次的综合能力,一般来说可分为专业技术能力、方法能力(包括经营、管理两方面)及社会能力三类。据中国劳动和社会保障部 2004年 8 月 24 日公布的调查报告显示,中国与其他国家及地区相比,创业机会较多,创业意识较强,但创业能力却低于世界平均水平。这主要是由于创业教育基础薄弱、学校对后备劳动力创业技能培养不够重视所造成的。针对这一情况,中国就业技术培训鉴定指导中心主任陈宇提出:中国学生必须切实提高创业能力。

第一节 专业技术能力

一、专业技术能力的重要意义

专业技术能力是创业能力中最基本的能力,是人们从事某一特定社会职业所必须具备的能力和本领。一个创业者能否掌握必要的专业知识和技术能力,对于创业能否顺利进行并不断发展获得成功,起着决定性的作用。可是在许多现代中学生的眼里,并不认为创业制胜的必要条件是技术,而认为是其他的创业要素,诸如资金、机遇、品牌、营销等。更有的同学受到前几年一些不法商贩所谓"成功"的影响,把投机取巧也视作创业的手段之一,而忽视技术力量对创业的影响。为了说明技术对创业的重要性,我们首先来看看希望集团创业伊始的故事吧。

你大概听说过希望牌饲料吧? 大到中央台,小到地方台,电视上常常可以看到它的广告。在美国权威杂志《福布斯全球》公布的大陆 100 名首富企业家排行榜中,希望集团的创始人刘永行四兄弟名列榜首,财富总量为 10 亿美元。然而,在创业初始,他们却经历了常人难以想象的困难和挫折。

1982 年,刘家兄弟毅然辞掉当时被人们认为是"铁饭碗"的国家公职,办起了一个小小的鹌鹑养殖场。在稍有赢利后,他们又建成了一个大型的育新良种场,决定扩大生产。而正当此时,鹌鹑热却急剧降温,许多原先养鹌鹑的专业户都纷纷收摊不养了。这时,嘲笑他们决策失误,等着看热闹的人有,劝他们趁早收手,免得血本无归的人也有,可是刘家兄弟却一致认为,只有疲软的市场,没有疲软的产品。他们看到了一个必胜的法宝——技术。那些失败的专业户正是因为养鹌鹑成本太高,技术不过关,才导致亏本搞不下去的。他们自信地说:只要有技术,把成本降下去,就一定可以反败为胜,获得成功。

他们开始大量查阅资料,致力于技术研究,希望找到一个最佳的养殖方法,把成本降低到每只鹌鹑蛋只要三四分钱。他们把学校里学到的计算机技术运用到饲料调配和育种选样上,很快摸索出一个独特的立体养殖方式,即:用鹌鹑粪养猪,用猪粪养鱼,用鱼粉养鹌鹑。这是一种新型的生态循环饲养法,由于这样的方法使得成本大大减少,鹌鹑蛋的成本降到了与鸡蛋一样,很快就赢得了市场。

先进的生产技术带来了新的转机和希望,刘家的科学养殖鹌鹑法让原本暗淡的养殖致富重新闪现诱人的光彩。到了1986年,刘家兄弟办的育新良种场已年产种鹌鹑15万只,产品除了供应国内16个省市外,还批量销往苏联等国家和地区。刘家兄弟不仅为自己开创了一条致富之路,为以后的希望牌饲料的开发完成了最原始的资本和技术积累,也为中国的鹌鹑养殖业在养殖技术开发上作出了贡献,为中国历史悠久的养殖业增添了光彩的一笔。

由此可见,说专业技术是确保创业成功并持续发展的基础及核心力量,一点也不为过。但或许有的同学认为创业就是办企业、做大老板,企业办成了,自有技术人员来研究技术、开发产品,自己不必亲力亲为,所以是否掌握专业技术也无关紧要。那么试问,企业怎样才能从无到有创办起来呢?没有人天生是大老板,更没有人一开始就拥有大企业、大公司以及技术中心和技术人员。几乎所有的企业家都是从打工仔或者小摊贩成长起来的,在创业初始,他们既是老板也是技术人员。如果没有一定专业技术基础和技术能力,是很难使企业发展壮大的。比尔·盖茨从小就表现出对电脑的热爱和超强的动手能力,少年时期掌握了相当强的计算机技术,这使得他在17岁时就和同伴研究开发出了新型的分析交通记录的电脑软件,并成立了自己的公司,为他以后成为世界首富创造了条件,打下了基础。这样的例子很多,如:海信集团的董事长周厚建,就是技术人员出身;中国第一家建筑业的上市公司——浙江广厦股份有限公司老总楼忠福,开始是一名建筑工人;而联想集团的总裁杨元庆本身就是计算机系毕业的高材生。他们在各自的领域熟悉各自的专业,具备一定的专业知识和技能,所以能够把握行业特点,对症下药,因事制宜,采取适当的经营管理方法,充分发挥经营管理能力,从而使事业不断地发展壮大。正如著名经济学家盖布瑞博士所说的:"工业社会的动力是金钱,但在资讯社会却是知识和技术。"今时今日,任何一个身穿牛仔裤的年轻人都可以平地一声雷,成为巨富——只要他掌握到特殊的知识和技术。因此,要想创业,首先就必须要有一定的专业知识和技能,并把它们运用到实际生产中去,这样技术就能转化为财富,并确保创业的成功。

其次,创业需要专业技术能力,是因为在知识经济时代,技术型企业与其他企业相比更具竞争优势,而从企业的长期发展来看,技术优势也是企业最重要的竞争优势。在激烈的市场竞争中,有的企业以牺牲企业利润,缩减员工福利,甚至不惜以污染环境为代价,力求降低成本、降低价格以求获胜。然而这样的竞争力是无法持久的,一个典型的例子是中国的彩电行业。2000年以来,彩电行业从过去的风光无限,到行业整体亏损,究其原因,关键是缺乏核心技术和产品创新能力,而一味搞价格战。而与之相反的是,SONY在中国只销售30万台彩电,却获利了5亿人民币。人家靠的就是技术,靠技术赢得了客户,靠技术赢得了市场,靠技术赢得了利润。

纵观全球,"以质量取胜"已经成为现代商业界的一句口号,质量是竞争中的关键,而技术则是保证质量的前提和基础。许多老牌子,如天津的狗不理包子、北京的全聚德烤鸭、王致和豆腐、烟台的百年张裕、青岛啤酒,等等,都是依靠自身独特的技术和过硬的质量创出了名牌,赢得了长期稳定的客户。而许多商业界新秀,如海信、联想、科利华、希望集团等,也都凭借着一流的技术而迅速崛起,并且在激烈的竞争中打败对手,日渐壮大。

二、专业技术能力的培养途径

据北京晚报报道,自1998年到2003年,中国国家技术发明奖一等奖连续6年空缺。是我们笨吗?答案是否定的,因为"硅谷的智慧在中国人的脑袋里"一话流传已久。关键是因为传统教育过于重视文化知识的传授,而忽视了科学技术的传授和技术能力的培养。因此,我们应该在努力学好科学文化的同时,努力学好专业知识,提高自身的专业技术能力,为将来的创业打下良好的基础。

首先,要培养对专业技能的兴趣。兴趣是最好的老师,是学习的动力。当你对所学的专业知识感兴趣时,就会产生愉悦的学习情绪,甚至达到全神贯注、物我两忘的境界。心理学证明,早期的兴趣对未来的活动有显著的准备作用。许多学有成就的科学家正是少年时期对某种现象、规律产生兴趣而走上成功道路的。雅虎创办人杨致远,由于对计算机感兴趣,从业余爱好的设计网络游戏和个人网站开始,到最终建立一个全新的、能够搜索各种信息的"网络媒体王国",不过用了短短 5 年的时间。所以学好专业知识,培养专业技能,必须以培养兴趣为前提。有兴趣就会有学习的欲望,就能够钻进去、学出来,更快更好地掌握专业知识和技能。

其次,要培养不怕苦、不怕难、不怕累的精神。学好任何一项专业技能都需要付出艰苦的劳动,因为每一种操作技能从生疏到熟练是要下一番苦功的,只有在反反复复的实际练习中,才能慢慢体会和领悟其中的规律,掌握正确的动作要领。因此,要想掌握专业技能,就必须刻苦钻研、勤学苦练,一而再、再而三地进行训练,直到熟练掌握、运用自如为止。

最后,要利用一切机会进行实践训练。专业知识的掌握要以实际运用为准绳,而专业技能的形成更要通过反复的实践和操练。因此,必须利用一切机会并努力创造机会进行练习和实践,才能掌握知识,提高技能。在学校里,要上好每一节基础知识课,认真听讲,掌握专业基础知识;在实验课上,要仔细观摩老师的示范性操作,遵守实验规则,掌握操作技能;在课余,更要勤于练习,争取通过各种国家承认的技能考核,参加专业技能竞赛,增强学习的自信心;在假期中,要争取参加各种社会实践活动,拜师学艺,在实践中提高专业技能和水平。

第二节 经营管理能力

一、善于经营

经营企业犹如经营人生。被誉为"经营之神"的日本松下企业创始人松下幸之助曾经说过:像经营人生一样去经营企业,不仅是经营的理想境界,也是一种理想的经营方法。找准人生方向,确立人生目标,是成功道路上的第一步。然后根据优胜劣汰原则,在竞争中努力发展自我、提高自我,多方位多角度地实现人生价值,最终创造成功的人生。企业经营也是如此,成功的企业经营大致离不开这样的三步。

1. 进行市场调查预测,确立企业发展目标

投资创业是一个艰难的过程,一旦投入资金,就会面临企业生存的问题。学会寻找自己的生存空间,即确立企业的发展目标,进行市场预测,防范经营风险,是企业经营的第一步。

每个创业者都渴望创业成功,但创业本身具有风险。要将创业失败的风险降到最低,就首先要把市场掌握在手中。市场决定需求,市场决定企业发展的方向,因此进行市场调查分析和预测,然后作出正确的决策,是决定创业成败与否的决定性因素之一。

诞生于 19 世纪 90 年代的百事可乐比可口可乐晚了整整 10 年,如何与财大气粗的碳酸饮料巨头可口可乐公司抗衡,百事可乐公司没有贸然作出决断。它首先发起了一场大型的顾客调查活动,并迅速分析了调查结果。结果表明:在一般消费者心目中,可口可乐已成为

美国文化的象征,给人以古朴厚重的感觉。但是,它又带有明显的保守色彩,拒绝革新,因而有相当部分的美国青年对它缺乏认同感。而百事可乐作为新生事物,虽然给人以莽撞、不成熟之感,但它富有朝气,给人以积极向上、勇于进取的印象。百事可乐的决策者们通过慎重研究,决定抓住"新"字做文章,以前所未有的广告攻势,创造百事可乐的新形象,在美国公众尤其是年轻人心目中注入这样一种理念:百事可乐,是"新一代"的象征,总是踏着时代的节拍高歌猛进。百事可乐把抓住年轻人作为发展的主要方向。

市场调查和预测帮助百事可乐作出了正确的决策,而正确的决策又使得企业向着正确的方向发展。收获的季节到了,百事可乐的销量连续保持升势,市场份额不断扩展,一举成为能与可口可乐公司相匹敌的碳酸饮料巨头。

还有一个事例,从反面说明了不重视市场调查和预测给企业带来的危害。中国有家化妆品公司,生产了含人参、当归等中草药成分的洗发水,在国内大获成功后,没有进行市场调查和预测,就贸然进入美国投资生产,结果却惨遭失败。究其原因,原来美国人崇尚自然,他们信奉含矿物质、海藻等成分的洗发水,认为中草药也是药,一定会对人体产生危害,所以拒绝使用。

没有进行市场调查和预测,会导致决策失误,而错误的决策则给企业带来不可估量的损失。虽然这家企业由于资金力量雄厚,没有导致倒闭,但也是元气大伤,在与同行业的企业竞争中,少了许多优势。

2. 在激烈的竞争中生存和进取

自古云:商场如战场。当今的社会更是一个充满竞争的社会。企业经营必定面临竞争,这是无法逃避的事实。如何在激烈的竞争中生存、进取,是每一个创业者必须面对的问题。

首先,要敢于竞争。世界著名企业家斯隆曾说过:在竞争的市场经济中,没有企业休息的地方。要想在激烈的市场竞争中生存,就必须使自己的事业不断壮大,不断增强自己的竞争优势。在充满竞争的社会环境中,单纯的守业是守不住的。唯有主动出击,敢于竞争,才能占领竞争的主动权,巩固和扩大自己在市场中的地位。

《成功》杂志每年都要刊载许多本年度最了不起的实业家的故事。这些故事有一个共同之处,就是故事的主角都具有强大的进取心,敢于竞争。20世纪80年代末,正值希望集团逐步走上正轨、事业顺利发展时,外国饲料商开始进入中国市场,在城乡大量倾销一种具有现代概念的全价饲料。这种饲料是一种高科技产品,农民用这种饲料喂猪,投料少,催肥快,而且操作简单省力,一时间走俏全国。而与此同时,国产饲料无人问津,许多国有或集体饲料工厂纷纷减产、亏损、转产甚至倒闭。许多好心人劝刘氏兄弟急流勇退,退出竞争,免得自身难保。但刘氏兄弟大声喊道:"不!"他们看到了竞争,同时也看到了竞争背后所隐藏的巨大利润。他们不怕竞争,怕的是没有市场。只要市场存在,只要有需求,那么凭借科学和技术,就一定能生产出具有竞争力的国有饲料。

事实证明,刘氏兄弟的勇气又一次获得了成功。希望集团投入大量的财力、人力研制出来的希望牌饲料省时、省力、省钱,很快在市场上站住了脚,并且有了越来越大的阵地。到1990年初,月销售量达到创纪录的4 000多吨,大大超过了洋饲料中的王牌——正大饲料。经过多年的拼搏,希望集团终于在竞争中开辟了坚实的根据地,被称为"中华饲料王"。

其次,要善于竞争。竞争的法则是优胜劣汰。如何在竞争中胜出,占领更多的市场份额,是每个企业最重要的战略任务。竞争需要勇气,但竞争不欣赏有勇无谋者。勇于竞争并且善于竞争的企业才能在众多的竞争者中脱颖而出,成为同行业中的佼佼者。

纵观古今中外,商家竞争从未停止过。有关竞争的创意和方法更是层出不穷。品牌、价格、广告、服务等,都成为竞争的方法和手段。但在知识经济时代,竞争最终归结为产品质量的竞争和技术的竞争。正如美国 PRTM 公司创始人迈克尔·E.麦克哥拉斯所指出的:"产品开发是 90 年代乃至 21 世纪的企业竞争的主战场"。海信集团正是认识到了这一点,无论竞争多么无情,多么惨烈,哪怕是在同行大打"价格战"的时候,它都坚持靠技术取胜、靠质量竞争的原则,这样才在家电销售业取得了年销售额过百亿的惊人成绩,赢得了大批忠诚稳定的客户,最终在中国竞争最激烈的家电行业中脱颖而出,成为跨国经营的特大高新技术企业。

1996 年之前,Nokia 在手机市场上还名不见经传,但是它瞄准了手机是高科技产品这一条,准确地作出了以技术领先的竞争决策,大力加强技术改进和产品开发,通过不断推出一系列技术领先、款式新颖的小型化手机抢占市场,终于成为手机市场上的霸主。

电子辞典市场占有率高达 45％的快译通公司也是一个善于竞争的典范。在竞争激烈的电子辞典市场中,快译通一直保守地秉持"老二哲学",并不急于用新产品打开市场,而往往是在其他公司新产品投入市场之后,发现销路不错,则迅速加以改进,变成自己的产品优势,再投入生产,投放市场。这样既可以借用先进厂商的产品经验,又可以形成更强大的产品优势,而且还可以节省消费者的认知时间和广告费用,少了许多风险,可谓是"狡猾之极"。

可见,竞争的手段和方法多种多样,但最终都回到技术和质量的竞争上来。企业要重视竞争,并且善于竞争,归根结底就是要善于提高自身的技术水平和产品质量。这样形成的优势才是长久的优势,这样的竞争也才是最具实力和时效的竞争。

最后,要利用竞争促进企业自身的发展和进步。沙丁鱼是一种非常好吃但也非常娇贵的鱼,常常因为不能适应离开大海后的环境而迅速死亡。怎样延长沙丁鱼的寿命,以期抵港后卖个好价钱,常常是令渔民大伤脑筋的事。后来有个聪明的渔民想出了一个好办法,即在运输过程中,在运输容器里加入几条沙丁鱼的天敌鲶鱼——沙丁鱼为了躲避天敌的吞食,自然加速游动,从而保持了旺盛的生命力,抵达渔港后常常还是活蹦乱跳。

这就是管理学中非常有名的"鲶鱼效应"。竞争之于企业也是如此。竞争可以使企业具有忧患意识,使之不断地改进和提高自身的综合实力,从而促进自身的发展。生产乐百氏奶的今日集团就是一个很好的例证。为了在竞争中战胜对手,追求卓越,今日集团在人力、技术、营销管理、广告等方面全力投入,不断提升自我,超越对手,终于成为中国食品饮料行业的龙头企业。

3. 寻找最适合自己的经营方式

俗话说,不管白猫黑猫,能抓到老鼠就是好猫。企业经营也是如此。不同的企业,在不同的历史时期,采取最适合自己的经营方式和经营手段,可以使企业灵活应对变化莫测的商场风云,立于不败之地。

生产西装和休闲服系列的温州高邦服饰集团的前身只是一个生产女装和大衣的前店后场的小作坊,老板朱爱武夫妇共同经营着这家小店。家庭经营模式节约了成本和投资,很快使这个小厂发展起来,并初具规模。1990 年,小作坊改建成为欧美制衣公司。20 世纪 90 年代初,由于温州假冒伪劣产品充斥市场,全国各地都拒绝温州制造的产品。面对企业发展的难题,老板朱爱武当机立断,决定和上海知名企业联手,采取联合经营的方式,定制高档西服面料。欧美制衣公司的价廉物美加上上海大厂的名气,使之不仅没有受到"反对温州货"的市场打击,反而实现了企业发展的第一次转轨,完成了公司的原始积累。到1991年,实力日渐壮大的欧美制衣公司又实现了西服产供销一条龙服务的规模经营,朱爱武的西服以专柜专卖的形式进驻南京路的百年老店,为高邦公司的成功面市奠定了基础。

"均瑶"牛奶面市之初,一改投资建厂房、买设备的传统经营方式,而改用了减少投资的租赁经营方式。当时温州的国家二级企业温州乳品厂因经营不善而面临倒闭,而该厂的生产设备在国内尚属先进。为此,均瑶公司与该企业协商,租用该企业厂房,同时聘请该企业的工程师和技术人员,一边租来先行生产,一边自己建设更先进的生产基地。这种"借鸡生蛋"的经营方式,有效地降低了前期资本投入和市场经营风险,使人力资源和资金都得到了最充分的利用。

企业的经营方式有千万种,不可一一而论。可是无论什么企业采取什么样的经营方式,在什么样的时期运用什么样的经营手段,都要本着一条原则,即:最适合自己的,能为企业带来最大利润的,就是最好的经营模式。

二、善于管理

1. 人力资源管理

企业管理,从管理对象上看,分为人和物两种。但是,企业首先不是纯粹的物的堆积,而是由人以营利为目的构筑的经济性组织。因此,企业管理从根本上说,首先应该是人的管理,即人力资源管理。而人力资源管理的根本目的就在于调动企业内部人员工作的主动性、积极性和创造性,组建一支良好的团队。那么作为一个创业者,怎样才能创建一个优秀的团队并使之发挥最大的效用呢?最简单的归纳就是四个字:学会用人。

首先,要爱惜人才,这是用人的前提条件。早在1980年,在一向以技术立国的美国就有人提出一句简单而深刻的口号:"人,是我们最重要的资产"。现在,这句话已经成为所有创业者的警句格言。古往今来,凡成大事者,必定是爱才惜才之人。赵胜养士千人,刘备三顾茅庐,曹操倒屣迎客,例子数不胜数。而现代的美国福特汽车公司竟为了得到一个人才不惜买下一家公司,更是商业界广为流传的一段佳话。此人名叫思坦因曼思,原本是德国的一个工程技术人员,因为某种原因流落到美国,受雇于一家小公司。有一次,福特公司的一台马达坏了,公司所有的技术人员都未能修好。有人介绍思坦因曼思来试一试。他在电机旁听了听,然后要了一架梯子,爬上马达,在某个部位画了一道线,写上几个字:"这儿的线圈多了16圈"。果然,把这16圈线圈一去掉,电机马上运转正常。福特公司的老板亨利·福特对他非常欣赏,一定要他到福特公司来,但他却说他所在的公司在他最困难的时候收留了他,因此他不能见利忘义,离开那家公司。亨利·福特闻言马上说道:"我把你供职的公司买过来,你就可以过来了。"果然,不久后,福特公司就花重金收购了那家公司,思坦因曼思自然也就成为福特公司的一员,为福特公司的技术发展作出了突出的贡献。

福特公司求贤若渴的举动充分说明了该公司对于人才的重视,也正是因为如此,福特公司在建成至今的100多年中,才能不断地改进技术,推出新产品,适应市场的需求,在竞争越来越激烈的汽车行业中一直处于世界领先地位。俗话说:"千军易得,一将难求。"只有一流的人才,才能创造出一流的企业;而只有爱惜、重视人才,才能得到人才,用好人才。所以说,爱惜人才、重视人才是用人的前提条件。

其次,要知人善任,这是用人的基本原则。俗话说:十个指头有长短,荷花出水有高低。

在企业内部,各种类型的员工都会有,每个人都具有一定的才能,但各人的才能各不相同。一个优秀的管理人员要用好人才,首先必须认识人才,了解他们各自的能力,善用其长,力避其短,这样才能做到人力资源配置合理,从而充分调动各类员工的积极性,最大限度地发挥他们的潜能,为公司服务。

你去过庙里吧?那么你有没有注意到一个有趣的现象呢?一进庙门,首先是笑脸迎客的弥陀佛,其次才是黑脸黑口的韦陀佛。但相传在很久以前,他们并不在同一个庙里,而是分别掌管不同的庙。弥陀佛热情慈善,所以香火鼎盛,但他做事丢三落四,不会管理财务,所以总是入不敷出;而韦陀佛虽然管账是一把好手,但由于太过严肃,难以亲近,所以来的人越来越少,最后竟香火断绝。后来佛祖知道了这件事,就将他们放在了同一个庙里,由弥陀佛负责公关,笑迎八方客,而让铁面无私的韦陀佛掌管财务。在两人的分工合作下,庙宇从此香火大旺,欣欣向荣。

这虽然只是一个传说故事,但却说明了非常深刻的用人道理。众所周知,人有所长,亦有所短,只有在合适的位置,才能充分发挥自己的才能,这就是管理所讲究的"把适当的人放在适当的位置,让他在适当的时间做出适当的事"。比如,富有开拓创新精神者,可以让他从事市场开发;墨守成规、坚持原则者,可以让他搞质量监督检查;善于钻研、勤于思考者,可以让他研发新技术、新产品……总之,天生我才必有用,创业者只有做到慧眼识英雄,知人善任,才能使人才真正发挥他们的作用,走向创业的成功。

最后,要做到人尽其才,这是用人的最高境界。所谓人尽其才,就是让所有的人充分发挥各自的才能。成功的创业者采取的用人方法虽各有千秋,但人尽其能、人尽其才是所有创业者共同追求的目标。那么怎样才能使人才最大限度地发挥才干、发掘潜能呢?许多企业家认为,激励是最好的也是最有效的手段。比尔·盖茨说:"激励是调动人们积极性、创造性的好方法,激励在管理中具有积极的意义,是提高效率的根本前提。"激励的方式有很多种,如尊重、关心员工,赞赏他们的工作和才能,承诺晋升、加薪,等等,但其中最有效的是建立合理的内部竞争机制。

史考伯是美国钢铁公司的第一任总裁,也是美国历史上第一位年薪百万的管理人员。有一次,他手下的一名工厂经理向他诉苦:他的员工一直无法完成工作定额,无论他是威胁还是利诱,都没有效果。史考伯因此来到工厂。此时正值日班工人下班时,他拦住了其中一个工人,问:"你们这一班今天制造了几部暖气机?""6 部。"工人回答。史考伯一言未发,在地上用粉笔写了一个大大的"6"字就离开了。夜班工人来了,看到这个"6"字,得知事情的缘由,一句话没说,就开始干起来了。第二天早上,史考伯来到工厂时,"6"字已经被一个大大的"7"字所代替了。日班工人看了很激动,他们大声说:"好吧,让我们来看看到底是谁比谁强!"他们加紧工作,到晚上下班时,留下了一个颇具威胁性的"10"。就这样,两班工人竞争起来,不久之后,这家产量一直落后的工厂,就超过了所有其他的工厂。

一个小小的"6"字解决了威胁、利诱都无法解决的问题,史考伯的高明之处就在于他唤醒了工人的竞争意识,并以此来激发起员工的工作能力。心理学家的实验表明,竞争可以增加 50% 或更大的创造力。人人都有不甘落后的心理,优秀的管理者善于利用竞争使人们在成绩上拉开距离,并以此作为工资和提拔的依据,从而激励员工的上进心,调动其积极性,令其发挥最大的才干,最大限度地发掘自身的潜能,真正做到人尽其才。

总之,人才是企业内部最宝贵的财产,是企业发展壮大的根本保证。正如美国通用电气公司前首席执行官杰克·韦尔奇所说的:"我观念中的领导艺术是什么?它只是跟人有关,只是要得到最优秀的员工。"在美国已故钢铁大王卡耐基的墓碑上有这样一句话:"这里躺着这样一个人:他的唯一优点就是让那些比自己优秀的人为自己服务。"因此,作为一个优秀的管理者,必须识人选才,用人有方,才能使企业得到发展,事业获得成功。

2. 资金管理

资金问题是创业中最关键、最基本的问题,有了资金,企业的产生、发展和生存才有了可能;而企业的经营活动,归根结底也是资金的运转和收益的问题。有人形容资金是一家企业的血液,有钱不能使创业天然成功,但没有钱,创业就不可能有成功的机会。因此,作为创业者,你一定要学习有关财务和资金管理的知识,处理好资金周转、利润与成本的关系,解决好投资、税收、债务等方面的问题,只有这样才能保证企业的正常运转和发展。

首先,作为管理者,你不仅要了解宏观的经济环境,因为经济环境的好坏直接关系到公司的营运,决定公司的决策策划,还要掌握微观的财务管理活动所采用的技术和手段,包括简明的经济理论知识和基础的会计知识、统计方法等。必要时可以聘请一些具有专业知识的人士出任公司的会计、出纳等,同时建立和健全内部资金管理制度,以科学的方法做好理财工作。

其次,你要树立真正的成本意识。被誉为"现代管理之父"的德鲁克有一句名言:在企业内部只有成本。利润等于收入减去成本,所以成本的降低就意味着利润的增加。事实上,不管宏观经济状况如何,在力求提高利润或稳定利润时,降低成本应该是管理者首先考虑的问题,也是最重要的工作。日本人是世界公认的理财高手,他们为巴西人承建的水上浮动纸浆厂,堪称是节约成本的典范。生产纸浆需要大量木材,如果将工厂设在城市里,那么把树木从森林运回的运费将是很可观的。但水上浮动工厂可以被随意拖到任何距森林较近的地方,就地取得原料加工,节省了大笔运输费用,从而大大降低了成本,增加了工厂的利润。因此,作为公司管理者,在想方设法提高利润时,首先应该想到的就是如何降低成本,因为比起增加生产、扩大产量来说,这是风险最小,也是见效最快的。

再次,你要让资金在流动中增值。资金管理的最终目的是通过对资金的运营与管理使之增值,而把它闲置不动是不可能达到目的的。因此理财之道不能把资金搁置,而必须让它周转流动起来,才能实现保值增值。国内著名空调生产企业春兰集团,十多年前只是一个仅有 280 万固定资产的地方小企业,近几年已达到了 30 亿资产,如此迅速地增长的原因之一就是该企业善于理财,善于投入资金进行生产运作,并最大限度地创造利润。春兰集团首先投入资金,兼并了 15 家中小企业,同时以参股、控股等方式发展一批企业,形成了社会化分工、专业化协作的现代化生产格局,从而使得经营规模扩大,提高了集约化程度,大大降低了产品成本。从 1991 年起,春兰集团又开始在国外建立贸易公司和投资公司,仅 2003 年一年收益就达 2 亿元。近几年,它还根据国际金融市场日元和美元汇率的变化,成功地进行了金融运作,赚回了大笔资金。由此可见,投资并加速资金运转,是增加资本、促进发展的最高明的理财之道。但是,投资不仅需要卓越的胆识,也需要理性的分析能力,贸然的投资不仅不能带来设想中的收益,而且还会使企业蒙受损失,遭受风险。

最后,你要精打细算,节俭生财。勤俭节约、杜绝浪费是许多著名大公司的理财原则,也是所有企业应该遵循的理财之道。它一方面可以节约企业资源,降低成本,提高效率;另一方面可以培养员工热爱企业的意识与严格管理的意识。几乎所有成功的创业者都有一个共同的特点——"抠门"。曾经的瑞士首富,并一度占据过世界首富位置的霍夫曼夫人,是瑞士罗氏药业最大的股东,资产为 90 亿～100 亿美元,生活却十分简朴,日常家务都是自己亲自动手打理。而现在的瑞士首富英格瓦·坎普拉德,更是一位出名的"节俭大师"。他拥有 150 亿瑞士法郎的资产,却开着一辆又破又旧的普通车,连日常买菜都选择在下午,因为那时的蔬菜、水果价格比上午要便宜一些。坎普拉德的节俭意识在学生时代就已经为他直接创造了财富,那时他成立了自己的公司,并一心琢磨怎样才能以最简捷、最廉价的方式把商品送到顾客手里。这不仅为客户节约了费用,也为公司节约了成本。大家都熟知的沃尔玛公司创始人——萨姆·沃尔顿,也一直强调勤俭节约。公司员工曾在他即将走过的路上扔下一枚硬币,看他会不会拾起——亿万富翁沃尔顿果然屈尊把它捡起。沃尔顿并不是贪图一枚小钱,而是珍视每一分钱。正是这些公司管理人员的节俭意识,直接影响了公司员工的意识和行为,为公司全体员工树立了勤俭节约的榜样,公司才能上下一心,千方百计地降低成本,节省开支,在激烈的竞争中击败对手,不断发展壮大。

第三节 综合能力

一、把握机遇的能力

商机,即商业机遇,是商业活动中一种极好的机会。大量的商业案例表明,成功的经营者之所以能够成功,首先就是因为他们能够发现商机,抢得商机,占得先手。

1. 商机无处不在,关键在于捕捉

改革开放中的中国商机无限,但需要人们去发现,去捕捉,才能把机会变为财富。目前,在市场中,缺少的不是商机,而是对商机的正确认识和把握,缺少一种捕捉商机的智慧和眼光。而几乎所有成功的企业家都有一套善于发现机遇、把握机遇的本领。正是因为这套本领,他们的事业才有可能迈向成功的第一步。

日本当今有名的大企业岛村产业公司及丸芳物产公司的董事长岛村芳雄,原来是一位离乡背井来到东京当店员的一无所有的青年。他当店员的收入甚微,而且工作十分辛苦,每天唯一的娱乐就是到街上石凳坐着休息,欣赏过路行人五花八门的景象。时间久了,他注意到一个现象,就是街上的行人中,不管是年轻人,还是年长者,他们手上都提着一个纸袋,这是买东西时商店给的包装物。他想:"整个东京市消耗的包装纸袋估计会非常之多,全日本消耗的更是不得了。"他带着这个问题一连几天在下班后就到街上观察,甚至逐一对过路人进行点数。结果发现有 90% 左右的行人都提着包装纸袋。

他被此现象迷住了。两天后,他找到几家纸袋加工厂,发现他们生产都十分忙碌,工人们抱怨生产压力太重,老是加班加点也满足不了需求。他发现:纸袋是一个很有发展潜力的产品,而纸袋的提把绳索目前尚未有人专门经营,这就是一把打开经营成功大门的钥匙。岛村毅然决定向银行申请贷款,进行纸袋绳索的经营。事实证明,他独到的眼光是正确的,他看到了机遇,也把握住了机遇。前后不过十几年的时间,岛村把一个销售纸袋绳索的小企业,发展成为生产塑胶带、缎带、绢带以及纸袋和塑料包装袋的大型企业,而他自己也成为日本最具经济实力的企业家之一。

善于发现商机、把握商机,是每一个成功商人必备的基本素质之一。从理论上讲,机遇有如一个人的生命一样,对每个人都是平等的。但并不是每个人都能成为商人,成为大企业家。穷富之间的距离不在机遇本身,而在于机遇来临时,你是否能够看到并把握住。几乎每个人都看到过行人手上拎着的纸袋,可是看到纸袋背后蕴藏巨大商机的却独有岛村一人。因此我们在日常的生活中一定要养成仔细观察、留意细节的好习惯,培养敏锐的眼光、开阔的思路和快速的反应能力,为创业发现商机、把握商机做好准备。记住这样一句话:"机遇垂青有准备的头脑。"正如跨国大商人侯嘉仲对于机遇的理解那样:机会对人人平等,你可以没有开枪的机会,但是,一旦机会来临,你却不可以没有子弹。

2. 胆大和心细是把握机遇的必要条件

美国百货业巨头约翰·甘布士就是一个敢于冒险的人。他最初不过是一家制造厂的普通技术人员。在 20 世纪 20 年代末美国历史上最大的经济萧条时期,整个国家都陷在强烈的经济恐慌中,大量产品积压在仓库中无人问津,即便有人愿意买,往往也是低于成本价出售。由于没有利润可赚,大批企业纷纷采取各种手段销毁库存产品,例如用火烧或者倾倒海里等。就在这时,甘布士倾其所有,以极其低廉的价格买入大量日用百货商品,甚至专门租了一个仓库存放这些产品。人们都认为他疯了,甘布士只是平淡一笑,并不解释什么,他在等待时间验证他冒险的对错。没过多久,美国就对经济进行了国家调控,随着就业、救济等问题的解决,经济开始逐渐复苏,人们的生活渐渐恢复正常,对生活日用品的需求也逐渐恢复,而此时很多企业尚未恢复元气或者无法马上筹集资金进行生产,因此甘布士的商品成了市场上的紧俏货。甘布士挖掘到了他人生的第一桶金,为日后事业的成功奠定了基础。

市场具有很大的随意性,各种不确定因素交替变化,因此从某种程度上来说,冒险就意味着抓住机遇。市场经济正是一个冒险家游戏的乐园,命运之神往往特别眷顾那些敢想敢做的冒险家,正是他们的冒险精神,创造了一个又一个商业神话。俗话说:没有做不到的,只有想不到的。"胆大包天"的温州商人王均瑶就是这样一个敢于想他人所不敢想的成功企业家。

1991 年春节前夕,在长沙做普通供销员的王均瑶和往常一样,与温州老乡们一起坐汽车赶回家过年。所有的人都归心似箭,可是路途遥远,车速缓慢。有人无意中说了一句:"要是坐飞机就好了。"说者无心,听者有意。王均瑶不由心里一动:为什么不包租一架飞机为惜时如金的温州商人提供快速的往返服务呢?虽然王均瑶大胆包机的想法被当时很多人认为是异想天开,但有着温州人"敢为天下先"精神的王均瑶开始了他永不气馁的追求。经过严密的构思、翔实的调查和反复的论证,王均瑶终于和湖南省民航局达成了包机协议。王均瑶超人的胆识使他果断抓住了航空领域的第一个商机,也开了中国航空业由政府全面垄断到私人经营的先河。随后短短几年时间,王均瑶和国内 20 多家知名航空公司合作开辟了航线承包和航空货运代理业务,包机业务遍布全国,个人财富也呈直线上升趋势。

然而冒险并不等于冒失,胆大却不可以妄为。许多成功的商人可能是由于一次偶然的机会捕捉到了商机,但是几乎没有一个成功的商人是在看到商机的同时便贸然决定投资创业的。不假思索的决定不仅不能带来预期的商业利润,而且可能会带来极大的负面效应。有一位做糖果生意的老板就以自己的亲身经历说明了这个道理。他在几年前曾到荷兰的一家糖果公司参观,发现它的销售方式和国内的不同,国内是生产商委托商场代销或合作经营,而那家公司却在闹市区开连锁专卖店,很整齐,也很漂亮。于是,回国后,他就做出了在全国开 100 家连锁店的大胆决定。然而由于国内糖果利润小,场地租金太贵,以及国内消费者不认可这种销售方式等原因,最终欠下了一大笔债务。他感叹道:"冒险这个东西,真是成也萧何,败也萧何。"

诚然,创业需要冒险,需要"该出手时就出手"的毅然决然,但也需要细致的分析、谨慎的决定。冒险和细心是确保成功的孪生兄弟,强烈的冒险意识和良好的决策能力,也是一个成功的创业者必备的优秀素质。那么作为学生的你在学校和日常生活中应该怎样培养和开发冒险精神和决策能力呢?归纳起来主要要做到三点:

第一,要敢想。敢想即敢于突破学习和生活中的思维定势,无论是学习上的解题和生活中具体问题的解决,要尽量多想几个思路,多尝试几种方法,有意识、有目的地培养自己的冒险意识。

第二,要慢定。慢定即培养周密的思考能力,提高理性分析的水平。新奇的想法并不一定都是切实可行的,多数需要一个集思广益、调查研究的论证过程,草率上马容易失败,因此必须注重在学习和生活中培养谨慎细心的优秀品质。

第三,要快做。快做即一旦经过分析论证,认为是可行的事,就要果断作出决策,正所谓厚积而薄发,势不可挡,决不可拖泥带水,贻误时机。因此,我们要培养果断、果敢的品质以及良好的应变能力。

二、利用信息的能力

"生意人经营主要靠信息""信息是财富"等说法已经成为人们的共识,信息被当今人们公认为"无形的财富"。在信息爆炸的现代社会,及时准确地把握和使用信息,可以给企业带来巨大的成功。光大实业公司原董事长王光英就曾凭着那善于捕捉信息的敏锐双眼和惯用"信息追踪术"的聪明才智,成功地利用一条信息赚回了 2 500 万美元,被海内外人士传为佳话。

那是在一次聚会时,王光英偶然听说有一批二手汽车出售,但汽车的型号、数量、价格、产地等都不清楚。很多人听到了,都没有往心里去,而王光英却留意上了。他觉得如果能够弄清这条信息,或许就是一个赚钱的大好机会。因此他迅速派公司的业务人员对这一信息进行跟踪追击,命令他们以最快的速度提供最翔实的报告。几天后,他得到了最新最可靠的消息:原来是智利的一家铜矿新近倒闭,而在此之前不久,矿主已经订购了美国"道奇"牌、德国"奔驰"牌等大型名牌货车及翻斗车共 1 500 多辆,而且都是新车。为了偿还债务,矿主决定将所有的车辆折价拍卖。王光英敏锐地意识到了这条信息背后隐藏的巨大财富,他迅速组织人员奔赴智利,经过一番紧张的现场验货、议价磋商之后,终于和矿主达成了协议:1 500 辆新车全部以原价的 38% 卖给光大实业公司。当其他企业闻讯赶来时,光大实业已经将 2 500 万美元稳稳地赚到了自己的口袋中。

在信息时代,有时信息不仅仅代表着财富,更有着起死回生的神奇力量。美国有一家食品制造企业,由于经营不善而面临倒闭的危险。因此他们出资请亚利桑那大学威廉·雷兹教授为其提供具体可行的发展信息。雷兹教授接受委托后,对亚利桑那地区的垃圾展开了研究,最终在垃圾堆里为这家企业找到了发展的信息。因为"什么样的人丢什么样的垃圾"。雷兹教授通过对垃圾的研究,获得了当地食品消费情况的相关信息:不同阶层的人群由于消费能力和消费观念的不同,消费的内容和结构也就不同。这家企业根据雷兹教授提供的信息制定经营决策,组织投入生产,根据不同的产品和消费群体采取不同的销售手段,结果大获成功。

然而这无形的财富——信息,并不是每次都能创造机遇和财富的。信息有真假之分,虚假的信息歪曲了市场的真相,给人们提供了错误决策的依据,它比没有信息更糟糕,可能直接导致企业遭受巨大损失甚至走向灭亡。有一位在日本发展的中国商人就是因为听信了错误的信息,而使自己背负了上千万的债务。1995 年,这位商人在朋友的帮助下,投资一栋房产,一年后,房产价钱翻了一番。初战告捷,被胜利冲昏头脑的他,听说房产还要涨,没有经过分析调查,便马上又筹集了一亿人民币,买了四栋房产。没想到,由于各方面的原因,房产价格不断下滑,滑到连成本的一半都不到。一夜之间,从天堂到地狱,这位商人负债千万。

及时获得准确可靠的信息并作出反馈,是企业在竞争中取胜的法宝。因此,许多企业都建立了信息中心和数据库,建立起电脑信息处理系统。用各种电子计算机处理信息,及时、准确、可靠,这对企业的科学决策起到了重要的作用。日本的三菱商社就是一个十分注重信息的企业,它在 128 个国家建立了 142 个分支机构,聘请了 700 多位外籍专业人员,它的信息中心每天接到各地发来的各种电报、传真 4 万多份,电话 6 万多次,邮件 3 万多件,电报、传真和信纸的纸张连起来可绕地球 11 圈。它的信息中心 5 分钟内就能和世界各地接通联系,就像是控制人全身的大脑。公司的管理人员就是通过源源不断的信息了解市场需求,进行经营决策,从而不断地创造产品和财富。

那么怎样及时准确地抓住并利用信息呢?获取信息的渠道有很多,难以一一列举,但归纳起来主要有以下几种:一是直接调查,也就是直接从信息源收集信息情报;二是咨询,也就是从间接信息源收集信息情报,包括向有关人员或部门咨询、查阅报刊文献资料等;三是实验,就是通过研究、分析和实验的方法,获得信息情报。

另外,在有效地搜集、整理和掌握信息时,要注意遵循以下几条原则。

(1) 信息的目的性。经营决策离不开信息,但是不能无目的地去搜寻信息。信息总是在一个特定的时间、特定的条件下被利用的,同样的信息可能对某企业价值千金,而对另一企业可能一文不值。因此只有有目的地搜集和加工信息,重视信息的目的性,才会充分有效地利用信息,为企业决策提供服务。

(2) 信息的准确性。有人把信息的准确性比作望远镜上的焦距,虽有信息而不准确,就像有了望远镜而焦距不清,看不清目标,不但不能作出正确的判断,反而会加快错误决策的行为。因此要保证信息的准确性,必须对信息资料进行大量调查,反复验证,进行科学加工,去伪存真。

(3) 信息的实效性。信息的利用价值与它的及时性关系很大。所得的信息越是及时可靠,其利用价值就越大;反之,就会使它失去自身应有的价值。

三、交往公关的能力

企业的发展离不开社会,社会是一个错综复杂的人际关系网,人和人之间、企业与企业之间、企业和社会之间,相互关联,相互影响,相互制约。良好的公关能力、良好的人际关系,对于一个企业的生存和发展,有着举足轻重的作用。

1. 公关,让企业形象深得人心

所谓企业形象就是公众对于企业的总体评价,是企业的表现和特征在公众心目中的反映。企业形象的好坏直接关系到企业的经济效益,而良好企业形象的树立有赖于正确的公关策略和手段。纵观享誉海内外的老字号"同仁堂"药店的发展,公关对于树立企业形象的作用可见一斑。

同仁堂历来有注重宣传自己的传统。早在清朝时期,每当京城会试期间,同仁堂都要向举子们馈赠药品以此传名；每当阴历二月开沟时，同仁堂便制造写有"同仁堂"字样的大红灯笼，夜晚置于开沟之地，以防行人落入沟中；同仁堂还时常做些舍粥、舍棺材的义举，这一切都使同仁堂美名远播。

在市场经济迅速发展、企业竞争日益激烈，尤其是制药企业之间的竞争日趋白热化的今天，同仁堂为了提高声誉，扩大百年老字号的影响，将同仁堂的优良传统和形象发扬光大，制定了以"德、诚、信"为服务宗旨，以"养生济世，治病救人"为己任的企业形象建设计划，从经营、制药、服务等各方面进一步提高企业的形象，采取一系列便民利民的服务策略，使企业形象深入人心。截至 2004 年，同仁堂已成为了总资产 18 亿元，拥有 6 000 多名员工的现代集团企业，并成为医药界为数不多的上市公司之一。

另一典型的善于用公关手段拉近与顾客的距离、树立自身公众形象的范例是杭州民生药业。"21 金维他"面世之初，民生药业就在企业内部提高产品质量的同时，在企业外部利用各种渠道，采用各种办法，借助各种媒介，广为宣传，扩大影响。他们开产品宣传会，请中央电视台拍宣传片，利用用户称赞产品疗效的来信做宣传，无偿为灾区人民提供药物，说到底，民生药业近几年来的公关工作，都是自始至终围绕着建立企业形象来做的。他们把建立、维护和不断提高企业的信誉作为公关工作的主要目的，努力发挥公关工作的职能，让公众理解、接受，从而形成了有利于企业发展的社会舆论，促进了企业的飞速发展。

因此，良好的公关策划有助于提升企业形象，提高企业的知名度、美誉度和信誉度，最终形成促进企业发展的无形资产和无形动力。

2. 公关，为企业发展创造良好的社会环境

"同行是冤家"。自古以来，竞争激烈的商业界在许多人眼里，似乎就是尔虞我诈、你死我活的战场。他们认为竞争与合作就是一对矛盾，合作就没有竞争，竞争就不能谈合作。其实在具体的实践中往往没有这么简单。没有竞争环境的企业必定会被市场所淘汰，同样，没有合作精神的企业也是难以发展壮大的。

美国南部有一个州，每年都举行南瓜品种大赛，有一位农夫经常获得第一名。他在得奖之后便毫不吝啬地把得奖的种子分给街坊邻居。有人就很奇怪，问他："你花大量的精力和金钱做品种改良，为什么要把种子慷慨地送给别人呢？你就不怕别人的品种超越你吗？"农夫笑着说："我是在帮助自己啊。"原来这位农夫居住的城镇是典型的农村形态，家家户户的田地都毗邻相连。如果农夫帮助邻居改良了南瓜品种，那么就可以避免蜜蜂在传递花粉的过程中把较差的品种传染给自己，自己才能安心地进行品种改良。

这位农夫分明就是一名杰出的企业管理家。而我们许多企业却在不正当的竞争上消耗了太多的人力、物力和财力。海尔与新飞的"上海滩大战"就是典型的恶性竞争事例。海尔销售人员曾在上海的许多大商场公开散发印刷品，声称新飞冰箱原材料就地购买，暗示其生产技术不过关，售后服务跟不上。新飞提出抗议，两家交恶，欲对簿公堂，造成极其恶劣影响，深深地损害了企业在公众心目中的形象。而与此同时，荣事达集团在国内大报上以整版广告的形式推出了《荣事达企业竞争自律宣言》，以杰出的公关策划赢得了一片喝彩声，概括而言，就是："相互尊重，相互平等；互惠互利，共同发展；诚信至上，文明经营；以义生利，以德兴企"。荣事达提倡的有序竞争不仅获得了越来越多的同行的认可，也为企业的自身发展创造了良好的社会环境。

现在越来越多的企业开始了解合作对于企业发展的重要性，开始越来越多地利用一系

列公关手段和策略发展与竞争对手的合作关系,营造公平竞争、相互协作的良好社会氛围,互惠互利,共同进步,从而进一步促进了自身的发展。

3. 公关,为企业创造良好的内部环境出谋划策

一个成功的企业,不仅要善于处理好与公众、同行之间的关系,也要善于处理企业与员工之间的内部关系。我们通过前面的学习已经知道了人力资源对于企业发展的重要性,但是无论什么样的企业,都会在不同时期与不同的员工产生不同的矛盾。如何解决这些矛盾,使员工产生更大的凝聚力,就要依靠良好公关策略和手段。

韩国有家名叫 Koleenex 的卫生材料厂,因上乘的质量和出色的广告而在国内闻名。但是有一段时期,由于老板和雇员之间产生了矛盾,以致厂方每宣布一项决策,实施一个规章制度,员工就以发牢骚、讲怪话、消极怠工等方式进行抵制。结果,工厂出现了产品质量下降,原材料耗用浪费的情况,企业竞争力减弱,甚至面临破产的危险。面对这一危机,厂方聘请了公共关系专家研究解决的方案。经过商讨,专家建议厂方开展"一日厂长"的内部公关活动,每周三选举一名职工当厂长,全权管理当天发生的厂务。仅一年左右,就有 40 多名职工当过了"厂长"。事实证明,当过"一日厂长"的员工能亲身体验工厂业务,主动体谅厂长的苦衷和做事的难处,增进了彼此间的感情和互助的风气,使企业内部的劳资关系得到了改善。同时,职工积极性的焕发还使企业产品的质量和产量有了切实的保障,全厂每年可节约成本约 200 万美元。厂方主动把这笔钱作为奖金发给全体员工,大家皆大欢喜。厂方和职工的关系从此进入良性循环阶段,公司也被国家授予了"杰出劳资关系示范厂"称号。

企业是由员工组成的,二者的利益有天然的一致性,但也存在着矛盾和冲突。公关对于解决劳资矛盾、建立良好的劳资关系起着重要的作用。

古今中外,无论是政坛巨子,还是商界精英,他们的成功无不与他们拥有和谐良好的人际关系有关。据美国《幸福》杂志对美国 500 位年薪 50 万美元以上的企业界高级管理人员的调查,93.7% 的人认为公共关系顺畅是成功的最关键因素。因此作为创业的准备者,你就要从现在开始有目的有意识地培养自己的公关意识和公关能力,掌握处理人际关系的技巧,发展为今后的创业创造良好发展环境的能力。

首先,要树立人际交往的意识。社会就是一个错综复杂的人际关系网,我们从出生开始,就扮演着各种不同的角色。没有人能够逃避人际关系,而良好的人际交往能力能够帮助我们轻松处世,获得成功。

其次,要掌握人际交往的最基本的原则:主动、真诚、体谅、尊重。积极主动是建立人际关系的第一步,而真诚、体谅、尊重,则是维护人际关系的基础。

最后,要逐步积累人际交往的经验和技巧,初步学习有关公共关系的知识,培养良好的人际交往和公共关系能力。

四、创新挖潜的能力

1. 创新是创业

当今社会是一个飞速发展的时代,任何人都只有不断学习,不断更新,才能不断适应变化,才能生存和发展。创业尤需如此。俗话说,商场如战场,任何故步自封、因循守旧的企业都必然会被时代和社会所淘汰。时代在变化,市场在变化,需求在变化,在激烈的市场竞争中,一个企业只有敢于创新,才能脱颖而出;只有善于创新,才能处变不惊;只有精于创新,才能常胜不败。

著名经济学家熊比特曾经说过,企业家是不断在经济结构内部进行"革命突变",对旧生产方式进行"创造性破坏",并实现生产要素重新组合的人。因此,作为新时代的创业者,首先就要具有积极进取的时代精神,包括强烈的创新精神、创新意识与创新能力。中外无数成功的创业者,尤其是现代创业者之所以获得成功,除了他们具备无所畏惧的品质和狂热的工作热情之外,更重要的就是他们都是充满创造性思维的人:发明一种新的科技,塑造一种新的经营模式,甚至抓住时机,创造一个全新的行业。大家所熟知的雅虎网站的创始人杨致远就是这样一个极具创新精神的人。早在 1994 年,杨致远和他合伙人大卫·费罗就创办了一个最早的互联网地址分类服务系统。不久,他们想出了一种绝佳的商业模式,即把原先他们只是当成业余爱好的搜索站点变成一个全新的网络传媒公司:一个能够自动搜索、组织和最优化各方面信息的全新"网络媒体王国"。这一全新的创举使雅虎从一大堆所谓的网络门户中脱颖而出,成为全球最受欢迎的门户网站,更创造了高达每月一亿人次的访问率。而杨致远本身也在 31 岁时,成为身价 75 亿美元的大富商。

创新是时代对于一切创业者所提出的总的要求,而具体到微观的层面,创新的范围和方式却是极其广泛的,它包括观念创新、技术创新、管理创新、制度创新和市场创新等。如日中天的温州德力西集团就是通过各方面不断的、系统的创新,由 1984 年的一个家庭合伙制的小厂,发展成为国际性的大型企业集团。正如老总胡成中所说的:没有创新,就没有现在的德力西。

可以这么说,这句话适用于任何企业。松下之所以成为世界一流的电器制造集团,就是因为它能源源不断地开发新产品,满足市场的需求;美国吉列剃须刀之所以畅销不衰,也与它不断改进技术,推陈出新密切相关;海尔之所以在中国乃至国际市场占据越来越大的份额,也是因为它致力于技术创新,生产出一系列走在同行业前列的新产品,征服了全世界的消费者。

总之,无数企业的创新实践证明,求新求变的创造力,是企业发展的灵魂,是企业撬动市场的永恒"支点"。只有创新,才能适应竞争,才能使企业不断发展壮大,而不是被时代所淘汰。因此,作为一个未来社会的创业者,我们要从现在开始,在日常的学习和生活中培养自己的创新意识和能力。眼下,"创新"成为一个出现频率最高的词,但是怎样才能培养自己的创新精神和创新能力呢? 主要要做到以下几点。

首先,要善于培养独立自主的创新性人格。美国绝大多数生产新产品的小公司都是由年轻人创办的,后来许多发展为知名的大企业。这与他们从小接受的独立性教育有着密切的关系。如果我们从小只会衣来伸手,饭来张口,那么长大后走向社会,别说艰苦创业,就是独立生存也成问题。因此,无论是在学习还是在生活上,我们都不要过分地依赖他人,要相信自己,培养自己的独立自主性。

其次,要善于培养勇于批评的创新性思维。创新能力的核心是创新思维能力。一般而言,一个新的科学观念的产生,一个新发现或者新发明,往往都是人们创新思维的产物。然而,在日常生活中,多数人都有依据固定思路进行思考和解决问题的思维方式,即"习惯性思维"。习惯性思维是创新性思维的大敌,要克服这种思维定势,就要养成敢于质疑,敢于反思,敢于批判的习惯,经常变化观察、分析问题的角度,多角度多方位地思考问题,寻求多种解决问题的办法。

最后,要善于培养坚韧不拔的创新性品质。客观地讲,企业的任何一项活动尤其是创新活动,不可能都是一帆风顺的。因此,创业者必须具有百折不挠、愈挫愈坚的顽强意志品质。如果遭遇一点挫折或打击就垂头丧气,一蹶不振,是很难成就一番大事业的。

2. 挖掘潜能,成就事业

创造力并不是某些天才人物或专业人员的特权或专利,而是人人都具有的一种潜在能力。但并不是所有的人都认识到这一点去创业并获得成功的。因此,如何发挥自身的潜能,并产生有效的行动,对指导你今后的成功创业有着切实的意义。

首先,创造力的潜能人人都有,但只有心态积极、热爱生活的人才会在他们的工作和学习中显露出来。许多人总是消极适应社会环境,墨守成规,这就不自觉地抑制、埋没了自己的创造性潜能。而另一些人却相反,倾向于求变创新,他们往往能发现新颖的东西,具有新颖的思维方式,找到解决问题的新颖的方法,从而逐渐开发自身的潜能,成就一番事业。正如有人所说的,如果人生交给我们一道难题要求解答,那么它同时也会交给我们解决这道难题的智慧和能力。但这种智慧和能力总是潜藏在我们的生命里,只有我们自信加奋斗,它们才会聚集起来,发挥作用。因此,要开发潜能,首先要有健康的心态和人格,相信自己,以积极的态度面对生活,利用一切机会开阔视野、充实自己,使自己具有超群的智慧和强大的精神力量,这样才能在机会来临时,激发出自身的潜能,为创业做好准备。

其次,把逆境当做动力,将失败作为契机,激发自身的潜能。贝弗里奇说:"人们最好的工作往往是在逆境中做出的。思想上的压力,甚至肉体上的痛苦都可能成为精神上的兴奋剂。"你大概听说过青蛙实验的故事吧?把一只青蛙突然扔到煮沸的热水里,它能够在生死关头用尽全力跃出逃生,但如果把青蛙放在慢慢加温的冷水中,它并不能一开始就意识到危险,而是在水中悠闲地游动。等到它感到热度已经承受不住,想逃脱时,却已为时已晚,再也无力跳跃。人也是如此,在身处逆境时,往往能发挥自己意想不到的潜力,突出重围,开辟出一条活路来。人的一生,不可能总是一帆风顺,总会遇到各种各样的挫折和失败。若能把挫折和失败转化为动力,在逆境中磨炼自己的意志,增加自己的见识和智慧,增强处理问题的能力,就不会在逆境中消沉,而会在逆境中奋进。

最后,作为一个未来的创业者,你必须学会如何激发他人的潜能。因为我们知道,任何企业都是由员工组成的,如果一个管理者能够源源不断地、最大限度地激发全体员工的潜能,那么这个企业一定是一个大有潜力、大有希望的企业。激发员工潜能的方式、途径有很多,其实概括而言就是两个字:激励。激励可以是赞美他们的才能,奖励他们的业绩,也可以是提供适度挑战性的工作,对他们工作中的不足提出合理的批评;可以是建立合理的竞争机制,也可以是创造团结合作的工作环境,给他们提供发挥潜能的大舞台。激励机制的执行也要秉着两个字的原则,即"公平"。只有客观公正地考评员工的业绩成效,结合经济上和精神上的激励措施,才能更高更有效地激发员工的潜能,保证企业的活力和生命力!

第五章 创业知识

创业知识是创业素质中的工具系统,为创业提供有效的工具和手段,事关创业后劲和成败得失。掌握行业分类、工商税务、金融保险、法律法规等基本的创业知识才能为今后的创业打下坚实的基础。

第一节 行业概述

创业是一项复杂的决策活动。象牙塔技术中心创始人李永新深有感触地说:"创业成功的关键是选择合适的项目。"作为创业者首先应该知道我国目前的行业到底有哪些,进一步具体了解后方能有所选择。所谓行业,主要指根据职业性质或具体事物,对社会各个领域的称呼。"行业"属于中文表述的一种习惯,极少作为术语来表示特定的概念,有时与词汇"产业"混淆使用,来表示同一概念,常指社会领域。

一、产业部门分类

为使不同国家的统计数据具有可比性,联合国颁布了《全部经济活动的国际标准产业分类》(ISIC)。现在通行的是 2003 年第四次修订本。这套国际标准将全部经济活动分为 A~T 共 20 个部门,其中包括 98 个行业类别。这 20 个部门为:A. 农、林、牧、渔业;B. 采矿业;C. 制造业;D. 电力、燃气及水的生产和供应业;E. 建筑业;F. 交通运输、仓储和邮政业;G. 信息传输、计算机服务和软件业;H. 批发和零售业;I. 住宿和餐饮业;J. 金融业;K. 房地产业;L. 租赁和商务服务业;M. 科学研究、技术服务和地质勘查业;N. 水利、环境和公共设施管理业;O. 居民服务和其他服务业;P. 教育;Q. 卫生、社会保障和社会福利业;R. 文化、体育和娱乐业;S. 公共管理和社会组织;T. 国际组织。

根据国家统计局颁布的《三次产业划分规定》,我国三次产业有了新的划分标准。

1. 三次产业划分的范围

第一产业包括农、林、牧、渔业;第二产业包括采矿业,制造业,电力、燃气及水的生产和供应业,建筑业;第三产业包括除第一、二产业以外的其他行业,具体包括:交通运输、仓储和邮政业,信息传输、计算机服务和软件业,批发和零售业,住宿和餐饮业,金融业,房地产业,租赁和商务服务业,科学研究、技术服务和地质勘查业,水利、环境和公共设施管理业,居民服务和其他服务业,教育,卫生、社会保障和社会福利业,文化、体育和娱乐业,公共管理和社会组织,国际组织等。

2. 三次产业分类法

这种分类法是根据社会生产活动历史发展的顺序对产业结构进行的划分。产品直接取自自然界的部门称为第一产业,对初级产品进行再加工的部门称为第二产业,为生产和消费提供各种服务的部门称为第三产业。这种分类方法成为世界上较为通用的产业结构分类方法。

我国的三次产业划分是:

第一产业:农业(包括种植业、林业、牧业和渔业)。

第二产业:工业(包括采掘业,制造业,电力、煤气、水的生产和供应业)。

第三产业:除第一、第二产业以外的其他各业。

根据我国的实际情况,第三产业可以划分为以下四个新的层次。

第一层次:人流服务业。包括交通、旅游、商业饮食、理发照相、医疗卫生、体育保健、房地产和物业服务等。

第二层次:物流服务业。包括运输、邮政、物流仓储、批发零售等。

第三层次:资金流服务业。包括金融、保险、银行、证券、租赁、社会福利等。

第四层次:信息流服务业。包括教育、科研、电讯、广告、广播影视、信息咨询、地质普查等。

在经济研究和经济管理中,经常使用的分类方法主要有两大领域、两大部类分类法,三次产业分类法,资源密集度分类法和国际标准产业分类。

3. 资源密集程度分类法

这种产业分类方法是按照各产业所投入的占主要地位的资源的不同为标准来划分的。根据劳动力、资本和技术三种生产要素在各产业中的相对密集度,把产业划分为劳动密集型产业、资本密集型产业和技术密集型产业。

(1)劳动密集型产业。指进行生产主要依靠大量使用劳动力,而对技术和设备的依赖程度低的产业。其衡量的标准是在生产成本中工资与设备折旧、研究开发支出相比所占比重较大。一般来说,目前劳动密集型产业主要指农业、林业及纺织、服装、玩具、皮革、家具等制造业。随着技术进步和新工艺设备的应用,发达国家劳动密集型产业的技术、资本密集度也在提高,并逐步从劳动密集型产业中分化出去。例如,食品业在发达国家就被划入资本密集型产业。

(2)资本密集型产业。指在单位产品成本中,资本成本与劳动成本相比所占比重较大,每个劳动者所占用的固定资本和流动资本金额较高的产业。当前,资本密集型产业主要指钢铁制造业、一般电子与通信设备制造业、运输设备制造业、石油化工、重型机械工业、电力工业等。资本密集型工业主要分布在基础工业和重加工业,一般被看做是发展国民经济、实现工业化的重要基础。

(3)技术密集型产业。指在生产过程中,对技术和智力要素依赖大大超过对其他生产要素依赖的产业。目前技术密集型产业包括:微电子与信息产品制造业、航空航天工业、原子能工业、现代制药工业、新材料工业等。

当前以微电子、信息产品制造业为代表的技术密集型产业正迅猛发展,成为带动发达国家经济增长的主导产业。技术密集型产业的发展水平将决定一个国家的竞争力和经济增长的前景。

我国发布的《国民经济行业分类与代码》就是参照了《全部经济活动的国际标准产业分类》而制定的,因此我国产业划分与包括"经济合作与发展组织"(OECD)在内的大多数国家基本一致。

《中国国民经济核算体系(2002)》的产业部门分类如下:

（一）第一产业（农林牧渔业）

    （1）农业

    （2）林业

    （3）畜牧业

    （4）渔业

（二）第二产业

    （1）工业

        采矿业

        制造业

        电力、燃气及水的生产和供应业

    （2）建筑业

（三）第三产业

    （1）农林牧渔服务业

    （2）交通运输、仓储和邮政业

        交通运输和仓储业

        邮政业

    （3）信息传输、计算机服务和软件业

    （4）批发和零售业

    （5）住宿和餐饮业

    （6）金融业

        银行业

        证券业

        保险业

        其他金融业

    （7）房地产业

    （8）租赁和商务服务业

    （9）科学研究、技术服务和地质勘查业

    （10）水利、环境和公共设施管理业

    （11）居民服务和其他服务业

    （12）教育

    （13）卫生、社会保障和社会福利业

    （14）文化、体育和娱乐业

    （15）公共管理和社会组织

二、热门行业

对于创业者来说，进入一个热门或潜在热门的行业是首选。"热门行业"是一个模糊的概念，它具有明显的时代和地域的特征，但总体而言，其具有以下特征：① 热门行业的收入水平比较高，而且工作环境比较好。② 热门行业竞争激烈，人才需求量比较大。③ 热门行业是新兴的朝阳产业，发展迅速，机会多。④ 热门行业能顺应市场经济发展的趋势，具有巨大的市场需求。⑤ 热门行业具有宏伟的发展前景。

依据我国市场经济的发展、经济结构的调整方向以及热门行业的特点,我们预计以下几种行业将成为未来的热门行业。

1. IT 行业

IT 行业在 2003 年锋芒初露,电子商务、网络教育、网络会议等一系列网络服务项目第一次让人们感受到了它无穷的魅力和巨大的发展空间。据统计,2003～2005 年 IT 行业在亚洲造就了近 500 万个就业机会。

最近几年来,尽管一些突发情况可能会使信息产业的 IT 公司在销售市场方面遭受挫折,但这并不妨碍 IT 行业仍被看做是一个蓬勃发展的朝阳产业。计算机工程技术研发人员一直是 IT 行业最热门的人才,硬件工程师和软件工程师需求量巨大。

2. 建筑、房地产行业

我国城市住房政策改革的实施以及建筑、房地产业的巨额利润,使房地产行业商机无限,并因此带动了与之相关的房地产开发、建材销售、装潢装饰、房产销售和租赁咨询、物业管理等行业的迅速发展。虽然一直居高不下的房价为人们所诟病,但这似乎并不能抑制强劲增长的购房需求。据统计,近年来建筑行业的人员招聘数量一直稳居各行业的前 10 位。建筑、房地产行业的良好发展前景由此可见一斑。

3. 汽车制造业

随着经济的高速发展和人们物质生活水平的不断提高,家庭对汽车的需求量不断增大,家用汽车的需求在今后相当长的一段时间内将呈持续上升趋势,这给家用汽车制造业带来前所未有的发展空间,商家也必将从中获得丰厚的利润。并且,家用汽车市场的发展必将带动与之相关的汽车装潢装饰、汽车维修、轮胎销售、汽车零配件销售、汽车租赁、制造轮胎的橡胶产业、用于汽车生产的钢铁业等其他相关技术产业的发展。

4. 通讯行业

快节奏、高效率的生活方式使人们对信息传递的快捷性、同步性提出了越来越高的要求,对相关通讯产品(如电话、手机、传真机)以及通讯服务的需求也急速攀升。调查显示,我国目前的电话与移动电话人均拥有量远低于世界平均水平,通讯市场的开发潜力巨大,这必将给通讯业带来新的机遇和丰厚的利润。

5. 生物技术类行业

21 世纪是生物的世纪,生物科技经济的发展必成燎原之势。据报道,目前在全国年产值过亿元的生物技术企业雨后春笋般蓬勃发展,各地方政府也把生物技术作为经济发展的突破口,生物技术产业增长空间巨大,生物科研人才也成为近年来国际人才竞争的焦点之一。对生物技术行业来说,这无疑是一个利好消息,创业者在这个领域如果能抓住时机迎头赶上,一定可以做出不俗成绩。

6. 老年人、妇女、儿童用品及服务行业

据第五次全国人口普查的资料显示,我国大陆人口达 12.953 3 亿人,65 岁及 65 岁以上的人口比例已超过 6.96%,这就意味着我国已进入老龄化社会。据专家预测,2020 年我国60 岁及 60 岁以上的人口比例将达到 16.84%,2050 年这一比例将上升到 27.77%。如此比例的老年人口必然催生出一个巨大的老年人需求市场,相关的行业如老年人的医疗、保健、社区服务等方面的需求将急剧增加。因此,由老年人保健品、药品、生活必需品、社区服务等组成的老年人服务行业具有很大的发展前景,这必将形成一个新的朝阳产业。

随着人们对生活质量期望的提高,女性和儿童对服装、化妆品、洗涤用品以及她(他)们的一些生活必需品的需求也越来越大,在这些用品和服务上也越来越舍得投入,这必将带动相关产业的迅速发展。在未来的若干年,这一行业仍具有巨大的发展潜力。

7. 旅游休闲及相关产业

近几年来,随着人们生活水平的提高以及节假日数量的增多,出外旅游休闲已经成为人们生活的重要组成部分,旅游业因此得到了前所未有的发展。旅游业发展的同时也带动了餐饮服务、运动休闲产品、体育场馆、旅游纪念品、交通运输等行业的繁荣发展,形成了一个促进经济发展的强大产业群。

8. 装饰装潢业

随着国内城市居民住房的商品化,房屋装潢装修业得到了前所未有的发展,室内装饰产品和装修工程承包业也随之成为一个获利颇丰的行业。有关部门的统计资料表明,当前城市居民装修住房的投入平均在 2 万～5 万元,并呈现出不断增长的趋势,这些因素都促进了装饰装潢业、建材制造业、建材销售业的发展。

9. 餐饮、娱乐与服务业

当人们解决了基本的温饱问题之后,随着社会生活节奏的加快,人们对生活质量提出更高的要求,这就对于餐饮、娱乐以及服务业都提出了更多更高的要求。以快餐为例,快节奏的生活和高效率的工作形势所趋,使得人们放弃厨房里的一日三餐。形形色色的快餐鳞次栉比地出现在大街小巷;各式各样的饭店、酒楼、咖啡厅、音乐茶座等娱乐消费场所门庭若市,成为人们在疲惫的工作之后休闲放松的处所。

10. 环保产业

随着经济发展及社会进步的不断深入,环境问题已成为严峻的社会问题。环境保护的呼声越来越高,人们对环保产品的需求也变得愈来愈强烈。加大环境保护力度,寻求新的可再生资源无疑成了社会持续发展的一条必由之路。随着环境保护投入的大幅度增加,我国环保产业发展较快,逐渐成为国民经济的重要组成部分,在未来的若干年内,这一行业仍然具有巨大的发展空间。

以上我们总结了一些目前的热门行业。但行业的热门与否只是一个相对的概念,随着时间的推移,原先的行业格局可能被打破,行业间的利润分配也会面临重新洗牌。就创业而言,并非所有的创业者都适合在热门行业里摸爬滚打。所以对创业者来说,选择一个适合自己的行业比一味盲目追求热门行业更有实际意义。

第二节　相关工商税务知识

一、工商登记

工商登记是国家对生产经营者所行使的管理职能之一,也是生产经营者确认自身合法地位的法律程序。

(一)开业登记应具备的条件

1. 生产经营者

(1)申请者必须是有经营能力的城乡待业人员以及国家政策允许的其他人员。城乡待业人员包括城乡待业青年和其他社会待业人员。城乡待业青年是指年龄在 16 至 25 周岁,具有劳动能力且未能升学或就业的初高中毕业生以及其他要求就业的适龄青年。

(2) 申请者可以是个人独立经营,可以是家庭经营,也可以带学徒帮手,但所带的从业人员必须在 7 人以内。如果达到 8 人以上,则应申请企业登记。

(3) 除流动服务项目外,申请者必须有开展生产经营活动的固定场所或地点。

(4) 申请者必须拥有与其经营规模相适应的自有资金。生产经营资金不足时,可以申请贷款。但必须主要靠自有资金开业经营,不能主要靠国家贷款。

(5) 申请者必须实行长年经营,季节性经营的时间必须在 3 个月以上。

(6) 申请者必须有明确的、符合国家规定的生产经营范围。

2. 企业法人

(1) 有符合规定的名称和章程。

(2) 有国家授予企业法人经营管理的财产或者企业所有的财产,并能够以其独立承担民事责任。

(3) 有与生产经营规模相适应的经营管理机构、财务核算机构、劳动组织以及法律或者章程规定必须建立的其他机构。

(4) 有必要的并与其经营范围相适应的经营场所和设施。

(5) 有与生产经营规模和业务相适应的从业人员,其中专职人员不得少于 8 人。

(6) 有健全的财会制度,能够独立核算,自负盈亏,独立编制资金平衡表或者资产负债表。

(7) 有符合规定数额并与经营范围相适应的注册资金。国家对企业注册资金数额有专项规定的按规定执行。

(8) 有符合国家法律、法规和政策规定的经营范围。

(9) 法律、法规规定的其他条件。

(二) 工商登记的内容

1. 生产经营者

(1) 字号名称:具有标志作用及法律意义。

名称一经核准登记,便在一定范围内享有专用权,受法律保护,不允许他人假冒、混用;名称一经核准登记,即具有排他性,同一地区的其他同行企业不能再使用这个名称字号;名称一经核准登记,即具有相对的稳定性,不能随意改变,若需要改变,须经工商行政管理机关核准同意;字号经工商行政管理机关批准,可以转让、出卖。

(2) 经营名称:不得假冒,不用化名。

(3) 经营者住所:户籍所在地的详细地址。

(4) 从业人数:如实填报生产经营活动的所有人员。

(5) 资金数额:开业时的自有资金必须与其规模相适应,必须有资信证明。

(6) 经营范围:确认合法经营的界限之一。经核准经营的行业和商品类别,核定主营项目和兼营项目。

(7) 经营方式:确认合法经营的界限之一。核定经营方式的原则是商品批发从严、零售从宽,工业品批发从严,农副产品批发从宽;价格放开的商品可以批发或批量销售;从事工业、食品加工的,销售产品时可以批量销售或批发。

(8) 经营场所:厂、店、门市部的地址以及摊位或流动经营的范围。经营场所分固定与流动两种,它与经营者的住所是不同的概念,两者可能是同一地址,也可以是不同的地址。

2. 企业法人

企业登记的主要内容有企业名称、企业负责人姓名、经营地址、企业种类、注册资金数、经营范围、经营方式、从业人员和雇工人数等。

(三)领取营业执照

工商行政管理机关在审查核实的基础上填写"营业执照"或"企业法人营业执照",由主管领导签署意见并记录在案,同时出具核准登记通知书,通知被核准的人员或公司。生产经营者领取营业执照后,即标志着已取得了合法的生产经营资格;如果开办的是公司,在接到核准通知后,法定代表人到登记主管机关领取营业执照,并由公司法定代表人行使签字备案手续。公司自领取营业执照之日起即宣告成立,标志着公司取得了法人资格,同时也取得了公司名称专用权和生产经营权,公司的合法权益受国家法律保护,也确定了公司必须承担国家法律规定的义务和责任。

(四)特种行业申办的程序

1. 申办旅馆业的手续

创业者若想从事旅馆业,则应向其所在的地县、市(区)公安(分)局提出申请,并提交以下材料,经公安机关审查,符合开业条件的,签发特种行业许可证。

(1)申请书。

(2)申请特种行业经营申请登记表。

(3)法人代表户口簿、身份证。

(4)从业人员登记表。

(5)单位地理位置图和内部平面图。

2. 申办刻字业的手续

申办刻字业的单位和个人,必须向所在地县、市(区)公安机关提出申请,并经审查批准;申请经营原子印章的,还须经省公安厅审查批准。取得特种行业许可证后,方可到工商行政管理部门办理营业执照。

凡需刻制公章的机关、企业单位、学校、社会团体等,须持相关材料到省辖市公安机关办理审查手续,到指定厂点刻制。

3. 申办印刷企业应办理的手续

若想申办从事出版物印刷的企业,应逐级上报,先向省、自治区、直辖市新闻出版管理部门提出申请,取得出版物印刷许可证;然后报公安机关批准,取得特种行业许可证;最后到工商行政管理部门注册登记,办理营业执照。

若想从事包装装潢印刷品印刷,应逐级上报,经省、自治区、直辖市包装装潢印刷品管理部门审核批准,取得包装装潢印刷品印刷许可证;然后报公安机关批准,取得特种行业许可证;最后到工商行政管理部门注册登记,领取营业执照。

若想从事其他印刷品印刷,则经省、自治区、直辖市新闻出版管理部门审核批准,取得其他印刷品印刷许可证;然后报公安机关批准,取得特种行业许可证;最后到工商行政管理部门注册登记,领取营业执照。

4．申办信托寄售企业的手续

申办信托寄售企业须持主管单位或乡、镇人民政府或街道办事处介绍信、信托寄售商店的建筑平面图，报主管部门批准，经公安机关审查同意，取得特种许可证；然后到工商行政管理部门注册登记，领取营业执照后方可开业。

5．申办废旧金属收购（冶炼）企业的手续

申办收购生产性废旧金属企业的，应经主管部门同意，向所在地公安机关申请核准，取得特种行业许可证；然后到工商行政管理部门申请登记，领取营业执照后方可开业。

申办收购非生产性破旧金属企业的，应向所地县（区）级工商行政管理部门申请登记，领取营业执照；并向同级公安机关备案后方可开业。

申办废旧金属冶炼企业的，在申请特种行业许可证时，应提交原材料来源的证明材料。

6．申办经营出租汽车企业的手续

（1）持有关证明向客运管理机构提出申请。

（2）凭客运管理机构同意经营的证明和申请牌照的证件，到公安机关车辆管理部门办理车辆检查登记手续。

（3）到工商行政管理部门领取营业执照。

（4）到客运管理机构领取准运证和服务标志。

（5）到公安机关领取特种行业许可证。

7．申办机动车修理企业的手续

开办机动车修理企业，属国有、集体性质的，须经上级主管部门同意；个体性质的，经所在地街道办事处（乡、镇）同意；中外合资、外商独资性质的，经有关部门同意，持书面申请，经所在地派出所、县（市）公安局审批核准，报省辖市公安局备案，核发特种行业许可证，再向工商行政管理部门申请登记，领取营业执照，方可开业。

8．申办歌舞娱乐场所的手续

（1）到当地派出所领取并填写娱乐场所经营申请审核表，并提交以下材料：法人代表、负责人的户口所在地公安派出所证明材料，身份证复印件（外地人员还须附暂住证复印件）；从业人员的身份证复印件（外地人员还须附暂住证复印件）；从业保安的人员还须附本地公安机关出具的"保安人员资格证书"，公安消防部门签名核发的消防安全检查意见书。

（2）派出所审查勘验合格的报县、市（区）公安（分）局复核，由省、自治区、直辖市的公安局审核批准。

（3）三星级以上宾馆、饭店、酒店附属的歌舞娱乐场所和中外合资、合作经营的娱乐场所由市公安局审核后，上报省公安厅审批。

9．申办桑拿洗浴业的手续

（1）申请经营桑拿洗浴业的单位和个人，向所在地公安机关递交下列材料：主管部门或街道办事处（乡、镇）签署了意见的申请报告；营业场所建筑平面图；房屋结构鉴定书；从业人员情况汇总等。

（2）公安机关实地检查，符合规定的，颁发特种行业许可证。

（3）经卫生部门检查，取得卫生许可证的，颁发特种行业许可证。最后到工商行政管理部门申请登记，领取营业执照后方可开业。

二、税务知识

（一）关于税务登记证

1. 税务登记的内容

税务登记的内容必须全面、真实地反映纳税人的生产、经营情况以及其他与纳税相关的信息。其主要内容包括：单位名称、法人代表或者业主姓名及居民身份证、护照或者其他合法证件的号码；住所、经营地点；工商登记注册类型；生产经营范围、经营方式；注册资金（资本）投资总额、开户银行及账号；生产经营期限、从业人数；营业执照号码；财务负责人、办税人员；其他有关事项。企业在外地设立的分支机构或从事生产、经营的场所，还应当登记总机构的名称、地址、法定代表人、主要业务范围、财务负责人等。

2. 税务登记证件的分类

税务登记证及其副本；注册税务登记证及其副本；外商投资企业税务登记证及其副本；外国企业税务登记证及其副本；外商投资企业分支机构税务登记证及其副本。

3. 税务登记证件的主要内容

税务登记证件应当载明：纳税人名称、统一代码、法定代表人或负责人、详细地址、经济性质或经济类型、经营方式、经营范围（主营、兼营）、经营期限和证件有效期限等。

4. 纳税人识别号

根据《国务院批准国家技术监督局等部门关于建立企业、事业单位和社会团体统一代码标识制度的报告的通知》和《中华人民共和国税收征收管理法》及《中华人民共和国税收征收管理法实施细则》的规定，纳税人在申请办理或更换税务登记时，应当提供技术监督机关颁发的全国统一代码证书。纳税人识别号一律由 15 位码组成，具体有以下三种类型。

（1）企业、事业单位等组织内的纳税人。以国家技术监督局编制的号码并在前面加挂 6 位行政区划码，共 15 位码，作为其纳税人识别号。

（2）个体工商户和其他缴纳个人所得税的中国公民。以公安部编制的居民身份证 15 位码作为其纳税人识别码。

（3）外国人员。以其国别加护照号码作为其纳税人识别号。

5. 税务登记的使用

纳税人办理下列专项时必须持税务登记证件：申请减税、免税、退税；领购发票；外出经营活动税收管理证明等税务事项。纳税人应当将税务登记张挂在其生产、经营场所内明显易见处，亮证经营。

（二）申请税务登记

（1）从事生产、经营的纳税人自领取营业执照之日起 30 日内持有关证件，向税务机关办理税务登记。其他纳税人自依照税收法律、行政法规规定成为纳税义务人之日起 30 日内向所在地税务登记机关申请办理税务登记。

（2）纳税人向其主管税务机关领取"税务登记表"及其他相关表格，按规定要求逐一如实填写，同时附送如下有关的证件和资料（原件及复印件）。

① 营业执照或其他核准开业的证件；

② 有关合同、章程、协议书；

③ 法人（负责人）身份证、护照或其他合法证件；

④ 组织机构统一代码证书；

⑤ 纳税人经营场所证明（房产证、租赁合同等）；

⑥ 税务机关要求提供的其他有关证件、资料。

申请税务登记的具体操作流程见图 5-1。

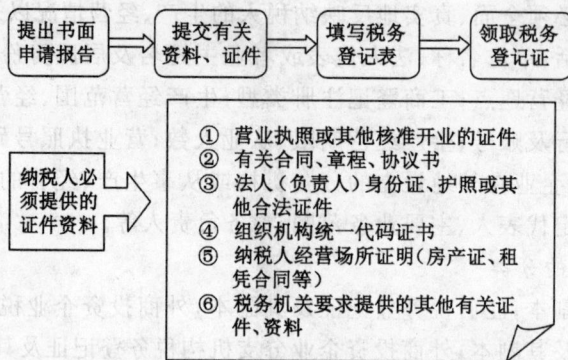

图 5-1 申请税务登记流程图

税务机关应当自收到申报之日起，在 30 日内对符合规定的予以登记；不符合规定的，应说明理由，并要求纳税人在 15 日内补报资料或重新填报。

（三）变更税务登记

（1）从事生产、经营的纳税人，发生下列变化之一，均应自工商行政管理机关办理变更之日起或有关机关批准或者宣布之日起 30 日内，持有关证件向税务机关申请办理变更税务登记。

① 单位名称（或个人姓名）发生改变；

② 改变所有制形式或隶属关系或经营地址；

③ 改变经营方式或经营范围或税务登记时所登记的应纳税项目等；

④ 发生转业、改组、分设、合并、联营、迁移、歇业、停业、破产等。

（2）纳税人变更税务登记时，应向其主管税务机关领取"税务登记变更表"等，同时附送以下有关的证件和资料（原件及复印件）。

① 工商变更登记表及工商执照（注册登记执照）复印件；

② 内容变更的有关证明文件；

③ 税务机关发放的原税务登记证件；

④ 税务机关要求提供的其他有关证件、资料。

纳税人变更税务登记流程见图 5-2。

（四）停业、复业税务登记

纳税人需要停业或者有关部门要求其停业的，纳税人需向主管税务机关提交停业申请，纳税人应如实填写由税务机关发放的"停业申报表"，并按税务机关的要求缴清税款和滞纳金，缴销发票，交回税务登记证件及发票领购簿，经税务机关审核同意后，下发"核准停业通知书"，并退给纳税人一份加具税务机关批准意见及公章的"停业申报表"。

纳税人若需恢复生产经营，应在恢复生产经营前向税务机关提出复业申请，经税务机关确认后，为其办理复业手续，发回封存的税务登记证件、发票领购簿等资料。纳税人停业期满不能及时恢复生产、经营的，应当在停业期满前向税务机关提出延长停业登记。纳税人停

纳税人按照规定不需要在工商行政管理机关办理注册登记的

纳税人按照规定需要在工商行政管理机关办理注册登记的

领取变更税务登记表

自有关机关批准或者宣布变更之日起30日内向原主管国家税务机关提出变更登记书面申请

自工商变更登记之日起30日内向原主管国家税务机关提出变更登记书面申请

领取变更税务登记表

原主管国家税务机关核准变更

填发有关文件

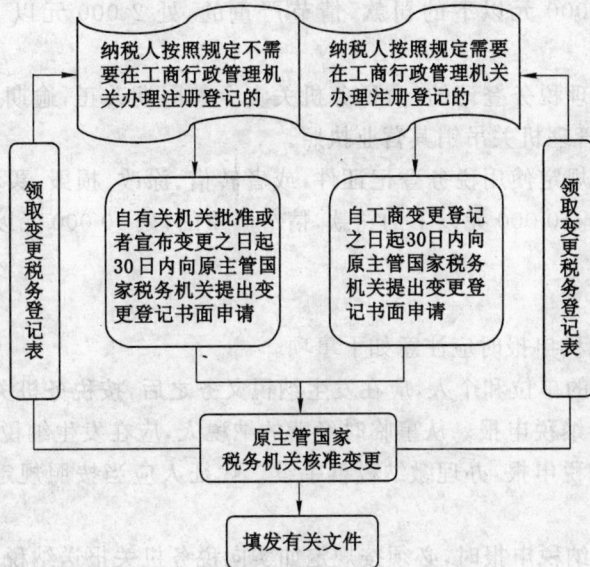

图 5-2 变更税务登记流程图

业期满未按期复业又不申请延长停业的,税务机关应当视为已恢复营业,实施正常的税收征收管理。

（五）注销登记

（1）纳税人发生歇业、破产、解散、撤销以及依法应当终止履行纳税义务的,应在申报办理注销工商登记前,先向原主管税务机关申办注销税务登记;纳税人按规定不需在工商部门办理注销登记的,应当自有关机关批准或者宣告终止之日起15日内向原主管税务机关申办注销税务登记;纳税人被吊销营业执照的,应自被吊销之日起15日内申办注销登记;纳税人因住所、生产经营地点变动等而涉及改变税务登记机关的,应当在向工商部门申请变更地址前向原主管税务机关申办注销税务登记,并在30日内向迁达地税务机关申请办理税务登记。

（2）纳税人应向主管税务机关领取"注销税务登记申请表",并如实填写。购买地税发票的纳税人还应填报"发票缴销登记表",并附送注销税务登记申请书、上级主管部门批文或董事会、职工代表大会的决议等材料。主管税务机关在检查、清理后,纳税人应按规定结清应纳税款、滞纳金、罚款,缴销发票和其他税务证件。

（六）验证、换证

税务登记证每年验证一次,每三年换证一次,由市地方税务局统一组织进行。

（七）遗失补发

纳税人如遗失税务登记证件或者扣缴义务人遗失扣缴税款登记证件,应当在发现或被检查发现之日起15日内,书面报告税务登记机关,并填写"税务登记证件遗失声明申请审批表",经核准后,由纳税人在报纸、广播或电视上公开声明作废;税务登记机关凭纳税人的有效凭据为其补发税务登记证件。

（八）法律责任

（1）未按规定期限申报办理税务登记、变更或者注销登记的纳税人,由税务机关责令限期改正,可以处 2 000 元以下的罚款,情节严重的,处 2 000 元以上 10 000 元以下的罚款。

(2)纳税人不办理税务登记的,由税务机关责令其限期改正,逾期不改正的,经税务机关提请,由工商行政管理机关吊销其营业执照。

(3)纳税人未按规定使用税务登记证件,或者转借、涂改、损毁、买卖、伪造税务登记证件的,处 2 000 元以上 10 000 元以下的罚款,情节严重的,处 10 000 元以上 50 000 元以下的罚款。

(九)纳税申报

纳税人在办理纳税申报时应注意如下事项。

(1)有纳税义务的单位和个人,应在发生纳税义务之后,按税务机关核定的期限如实向其主管税务机关进行纳税申报。从事临时经营的纳税人,应在发生纳税义务之后,立即向经营地税务机关进行纳税申报,办理缴纳税款手续。代征人应当按照规定履行代征、代扣、代缴税款的申报手续。

(2)纳税人办理纳税申报时,必须按规定如实向税务机关报送纳税申报表、财务会计报表和有关纳税资料。对属于临时性纳税以及按私人财产纳税等,应报哪些资料,由省、自治区、直辖市的税务机关确定。

(3)纳税人因特殊情况不能按期办理纳税申报,必须报告主管税务机关,酌情准予延期。主管税务机关应当根据情况,暂行核定纳税额,通知纳税人预缴税款,待申报后结算。代征人因有特殊情况,不能按期申报代征、代扣、代缴税款的,应当报告主管税务机关,酌情准予延期。

(4)纳税人申请减税、免税的,应向主管税务机关提出书面报告。减税申请获得批准之前,纳税人必须按照规定缴纳税款。

(十)申请减税、免税

纳税人申请减税、免税应办理如下手续。

(1)纳税人申请减税、免税的,必须向主管税务机关提出书面报告,说明申请减税、免税的原因和减免税金的用途,提供可靠的数据资料,并提出减税、免税后可能达到的经济效益目标和可行的措施。

(2)主管税务机关在接到纳税人减税、免税申请后,必须对纳税人减免税申请报告认真地逐项核实,提出具体的初审意见和报告,并按税务管理体制的规定逐级上报税务机关。

(3)上级税务机关按照税收管理体制的规定,对纳税人的减税、免税申请和下级税务机关提出的初审意见进行审批,对金额较大或影响面广的减税、免税申请,派人进行调查,然后作出审批。符合减税、免税条件的,批准纳税人减税、免税;对不符合条件的,申请不予批准。

(4)减税、免税期满的纳税人,应当按期恢复征税;个别纳税人恢复纳税仍有困难的,应当按规定重新办理减免税申报审批手续。

(十一)税务登记的表格

个体工商户税务登记表见表 5-1。

表 5-1 **人体工商户税务登记表**

纳税人名称＿＿＿＿＿＿＿＿＿＿＿＿＿＿＿＿＿＿＿＿＿＿

纳税人识别号□□□□□□□□□□□□□□□□□□

国税机关管理码□□□□□□□□□□□□

地税机关微机代码□□□□□□□

以下由纳税人填写

纳税人名称（中文）＿＿＿＿＿＿＿＿＿＿＿＿＿＿

纳税人简称（中文）＿＿＿＿＿＿ 电话：＿＿＿＿＿

注册地址：＿＿＿＿＿＿＿＿＿＿ 邮政编码：□□□□□□

生产经营地址：1. ＿＿＿＿＿＿＿ 邮政编码：□□□□□□

2. ＿＿＿＿＿＿ 邮政编码：□□□□□□

房产性质：□□　01 自有；02 租赁　从业人数＿＿＿＿＿

工商登记信息	证照名称		注册号码		
	发证机关		发证日期		
	开业日期	年 月 日	经营期限	年 月 日	
	登记范围	年 月 日		至 年 月 日	
	经营范围	主营			
		兼职			

经营方式		所在市场	
注册资金（资本）		投资总额（元）	
个体经营类别		摊位号	
是否租柜经营	是□ 否□	核算方式	
商品货物存放地址		面积（平方米）	
所在行政区域		所属区乡	
主管部门		注册类别	个体工商户□
联系电话		来源	新办□ 转入□
是否为定额户	是□ 否□	是否有优惠证	是□ 否□

业主（负责人）

姓名＿＿＿＿ 性别＿＿＿ 职务＿＿＿＿＿ 年龄＿＿＿ 户籍地＿＿＿＿＿＿

证件名称及号码＿＿＿＿＿□□□□□□□□□□□□□□□□□□

详细地址＿＿＿＿＿＿＿＿＿＿ 电话：＿＿＿＿＿＿＿

财务负责人

姓名＿＿＿＿ 性别＿＿＿ 职务＿＿＿＿＿ 年龄＿＿＿ 户籍地＿＿＿＿＿＿

证件名称及号码＿＿＿＿＿□□□□□□□□□□□□□□□□□□

详细地址＿＿＿＿＿＿＿＿＿＿ 电话：＿＿＿＿＿＿＿

办税人员：姓名＿＿＿＿＿ 电话：＿＿＿＿＿＿＿＿

开户银行情况	开户银行名称	银行账号	币种	是否为缴税账号

其他基本情况	隶属关系_____ 国标行业_____ 经营行业（地税）_____ □□
	坐落地点_____ 经营模式_____ □□ 企业类别_____ □□
	建账情况_____ □ 记账方式_____ □□征管方式_____ □

附送件	1. 工商执照副本或其他执业证件或有关部门批准文件及复印件□	5. 与业主有关的合同协议书及复印件□
	2. 业主或负责人身份证、护照或其他证明身份的合法证件及复印件□	6. 其他要求提供的证件、资料□
	3. 房产权证书或承租协议或复印件□	7.
	4. 土地证书复印件□	8.

注：纳税人办理税务登记时按提供的有关资料在相应的"□"内打"√"

经办人（盖章）：	业主或负责人（盖章）：	纳税人（盖章）：
年 月 日	年 月 日	年 月 日

以下由发放税务登记证件的机关填写

经办人（盖章）：	_____国家税务局	登记日期：
	_____地方税务局	
_____	（税务登记专用章）	年 月 日

核发《副本》数量： 本 发证日期：年 月 日

以下由主管地税的机关填写

经营规模_____□征收方式_____□□ 个人所得税征收方式_____□□

企业地理位置□□、□□、□□、□□ 坐落地点_____□

受理人： 受理日期： 年 月 日

纳税项目登记内容

税种	税目	子目	税率	预算级次	预算款	预算项	申报期限

以下为验证、变更及注销税务的登记记录

年度审验记录	_____年已验证。 年 月 日 验证机关（盖章）	_____年已验证。 年 月 日 验证机关（盖章）	_____年已验证。 年 月 日 验证机关（盖章）

序号	变更税务登记表			
	变更项目	变更内容	变更时间	受理人
1				
2				
3				
4				
5				

注销税务登记记录		
注销原因	注销日期	受理人

内资企业及分支机构税务登记表见表5-2。

表5-2　　　　　　　内资企业及分支机构税务登记表

纳税人名称_____

纳税人识别号□□□□□□□□□□□□□□□□□□

国税机关管理码□□□□□□□□□□□□□□

地税机关微机代码□□□□□□

以下由纳税人填写

纳税人名称（中文）_____

纳税人简称（中文）_____电话：_____

注册地址：_____邮政编码：□□□□□□

生产经营地址：1._____邮政编码：□□□□□□

2._____邮政编码：□□□□□□

房产性质：□□　01自有；02租赁　从业人数_____

纳税人代码证书	代码证号码	□□□□□□□□		发证机关	
	有效期限	年 月 日至 年 月 日		证书类型	
工商登记信息	证照名称			注册号码	
	发证机关			发证日期	
	开业日期	年 月 日		经营范围	年 月 日至 年 月 日
	登记日期	年 月 日			
	经营范围	主营			
		兼营			
	经营方式			所在市场	
	注册资金			投资总额	
筹资方式			□国有独资 □责任股份 □发行股票 □其他		
联系电话			主管部门		
币种			会计年度起止		
进出口经营权批准文号			海关代码		

法定代表人(负责人)

姓名_____ 性别_____ 职务_____ 年龄_____ 户籍地_____

证件名称及号码_____ □□□□□□□□□□□□□□□□□□

详细住址_____ 电话:_____

财务负责人

姓名_____ 性别_____ 职务_____ 年龄_____ 户籍地_____

证件名称及号码_____ □□□□□□□□□□□□□□□□□□

详细住址_____ 电话:_____

办税人员:姓名_____ 电话:_____

开户银行况	基本存款账户 开户银行_____ 账号_____
	纳税作用存款账户 开户银行_____ 账号_____
	其他存款账户 开户银行_____ 账号_____ 开户银行_____ 账号_____ 开户银行_____ 账号_____

| 其他基本情况 | 隶属关系_____ 征管方式_____ □核算方式_____
适用财务制度_____ □□适用会计制度_____ □□坐落地点_____
低值易耗品摊销方法_____ 折旧方式_____ 企业来源_____ □□
国标行业_____ 经营行业(地锐)_____ □□□□经营模式_____ □□
企业类别_____ □□建账情况_____ □记账方法_____ □□ |

资本筹集情况(金额单位:万元)

投资方名称	投资金额	币种	所占比例	利润分配比例

其他关联企业情况

关联企业名称	纳税人识别号	关联性质	关联企业地址

所属非独立核算的分支机构

纳税人识别码	名称	地址	电话	负责人

部分财产情况登记

房产原值(元)			房产建筑面积(m²)		
其中	出租房产原值		其中	出租房产原值	
	免税房产原值			免税房产原值	
	从价征收原值			从价征收原值	

	房号	承租单位	出租房地址	面积	租金
房产出租情况	1				
	2				
	3				
	4				
	房号	承租单位	出租房地址	面积	租金
房产承租情况					

土地等级	应税面积(m²)	免税面积(m²)	土地地址

车名称及类型	单位	数量	船名称及类型	单位	数量
	辆			艘	
	辆			艘	
	辆			艘	
	辆			艘	

总机构情况(内资分支机构填写)

纳税人识别号			总机构名称	
法定代表人			注册地址	
注册资本(元)		注册类型		税务机关
经营范围	主营			
	兼营			

合伙人情况(合作企业填写)

	姓名	证件名称	证件号码	联系电话	地址
合伙人					

附送件	※1. 工商执照副本或其他执业证件或有关部门批准文件及复印件□	※5. 房产权证书或承担协议书及复印件□
	※2. 与企业成立有关的合同、章程、协议书及复印件□	※6. 土地证书及复印件□
	※3. 法定代表人或负责人的身份证、护照或其他合法证件及复印件□	7. 银行账号证明□
	※4. 全国组织机构统一代码证及复印件□	8. 其他要求提供的证件、资料等□

注:此栏根据纳税人办理登记时所提供的有关资料在相应"□"内打"√",标注"※"的为必备资料

经办人:(盖章) 填写日期: 年 月 日	法定代表人:(盖章) 填写日期: 年 月 日	纳税人:(盖章) 填写日期: 年 月 日

以下由发放税务登记证件的机关填写

经办人:(盖章)	＿＿＿＿＿国家税务局 ＿＿＿＿＿国家税务局 (税务登记专用章)	登记日期: 年 月 日
核发《副本》数量: 本	发证日期: 年 月 日	

以下由主管地税的机关填写

经营规模_____□征收方式_____□□ 个人所得税征收方式_____□□

企业地理位置□□、□□、□□、□□ 坐落地点_____□

受理人：_____ 受理日期： 年 月 日

纳税项目登记内容

税种	税目	子目	税率	预算级次	预算款	预算项	申报期限

以下为验证、变更及注销税务的登记记录

年度审验记录	_____年已验证。 年 月 日 验证机关(盖章)	_____年已验证。 年 月 日 验证机关(盖章)	_____年已验证。 年 月 日 验证机关(盖章)

序号	变更税务登记表			
	变更项目	变更内容	变更时间	受理人
1				
2				
3				
4				

注销税务登记记录		
注销原因	注销日期	受理人

（十二）主要税种

1. 增值税

增值税是以商品生产流通和劳动服务各个环节的增值额为征税对象的一种流转税。增值是指一个纳税人在其生产、经营活动中创造的新增价值或商品的附加值,即纳税人在一定时期内销售产品或提供服务所得的收入大于购进商品或取得劳务所支出的金额。增值税的基本税率为17%。

2. 营业税

营业税是以工商营利单位和个人商品的销售收入额、提供劳务取得的营业额为课税对象的税收。不同行业的营业税税率不同,下面介绍几种现行的营业税税种及税率。交通运输业:3%;建筑业:3%;金融业:5%;邮电通信业:3%;文化体育业:3%;娱乐业:5%～20%;服务业:5%;转让无形资产:5%;销售不动产:5%。

3. 消费税

消费税是消费品的流转额作为课税对象的税种。在我国境内生产、委托加工和进口规定的应税消费品的单位和个人是消费税的纳税义务人。征税的产品大体可分为四大类:烟、酒、鞭炮、焰火等会对人类健康、社会秩序、生态环境等方面造成危害的特殊消费品；非生活必需品；小轿车、摩托车、汽车轮胎等高能耗及高档消费品；汽油、柴油等不可再生和不可替代的石油类消费品。

4. 企业所得税

企业所得税是以企业所得为课税对象，向取得所得的纳税人征收的税。企业所得税按纯收益征收，而且是对"企业法人"征收的累进税。企业所得税采用的比例税率为33%，纳税人的应纳税额按应纳税所得额计算。

第三节　相关金融保险知识

一、银行开户与结算

银行账户是各单位为办理结算和申请贷款在银行开立的户头，也是单位委托银行办理信贷和转账结算以及现金收付业务的工具，它具有监督和反映经济活动的作用。根据《银行账户管理办法》，银行账户分为基本存款账户、一般存款账户、临时存款账户和专用存款账户。

（一）银行账户的开设

1. 基本存款账户的开设

基本存款账户是指存款人办理日常转账结算和现金收付的账户。存款人的工资、奖金等现金的支取，只能通过本账户办理。

（1）基本存款账户的当事人资格条件。

① 企业法人；② 企业法人内部单独核算的单位；③ 管理财政预算资金和预算外资金的财政部门；④ 实行财政管理的行政机关、事业单位；⑤ 县级（含）以上军队、武警单位；⑥ 外国驻华机构；⑦ 社会团体；⑧ 单位附设的食堂、招待所、幼儿园；⑨ 外地常设机构；⑩ 私营企业、个体经济户、承包户和个人。

（2）基本存款账户开立所需的证明文件。

① 当地工商行政管理机关核发的"企业法人营业执照"或"营业执照"；② 中央或地方编制委员会、人事、民政等部门的批文；③ 军队军以上、武警总队财务部门的开户证明；④ 单位对附设机构同意开户的证明；⑤ 驻地有权部门对外地常设机构的批文；⑥ 承包双方签订的承包协议；⑦ 个人居民身份证和户口簿。

（3）基本存款账户开立的程序。

存款人申请开立基本存款账户的，应填制开户申请书（见表5-3），提供规定的证件（见表5-4），送交盖有存款人印章的印鉴卡片（见表5-5），经银行审核同意并凭中国人民银行当地分支机构核发的开户许可证，即可开立该账户。

需要特别说明的是，印鉴卡片上填写的户名必须与单位名称一致，同时要加盖开户单位公章、单位负责人或财务机构负责人印章、出纳人员印章三颗图章。它是单位与银行事先约定的一种具有法律效力的付款依据，银行在为单位办理结算业务时，凭开户单位在印鉴卡片上预留的印鉴审核支付凭证的真伪。如果支付凭证上加盖的印章与预留的印鉴不符，银行就可以拒绝办理付款业务，以保障开户单位款项的安全。

表 5-3 中国××银行开户申请书

申请开户单位全称		地 址	
		电话号码	
主管部门名称		上级管理部门名称	
账户资金来源性质			

已开账户情况	开户银行	账 号	账户名称

上级管理部门意见	（签章） 年 月 日	申请开户单位公章	（签章） 年 月 日

以下各栏由银行填写

	业务部门意见		会计主管意见	
科目		账户名称		账号
营业执照	发证机关			开户日期
	编 号			年 月 日

表 5-4 开设账户证明

兹同意＿＿＿＿＿＿＿＿＿＿＿＿＿＿＿

在中国××银行××市分行××办事处

开设基本存款账户。

批准单位公章

×年×月×日

表 5-5 中国××银行××市分行××办事处印鉴卡

户名			
地址		电话	
启用日期	年 月 日		

单位财务专用章	申请开户单位印鉴		××银行印鉴
	财务主管	签章	
	出纳人员	签章	

印鉴使用说明

2．一般存款账户的开设

一般存款账户是指存款人在基本存款账户以外的银行借款转存、与基本存款账户的存款人不在同一地点的附属非独立核算单位或因结算需要而开立的账户。存款人可以通过本账户办理转账结算和现金缴存,但不能办理现金支取。

（1）一般存款账户设置的条件和所需证明文件。

① 在基本存款账户以外的银行取得借款的单位和个人可以申请开立该账户,并须向开户银行出具借款合同或借款借据;② 与基本存款账户的存款人不在同一地点的附属非独立核算单位可以申请开立该账户,并须向开户银行出具基本存款账户的存款人同意其附属的非独立核算单位开户的证明。

（2）一般存款账户设置的程序。

存款人申请开立一般存款账户的,应填制开户申请书,提供相应的证明文件,送交盖有存款人印章的印鉴卡片,经银行审核同意后,即可开立该账户。

3．临时存款账户的开设

临时存款账户是指存款人因临时经营活动需要开立的账户。存款人可以通过该账户办理转账结算和根据国家现金管理规定办理现金收付。

（1）临时存款账户设置的条件和所需的证明文件。

① 外地临时机构可以申请开立该账户,并须出具当地工商行政管理机关核发的临时执照;② 临时经营活动需要的单位和个人可以申请开立该账户,并须出具当地有权部门同意设立外来临时机构的批件。

（2）临时存款账户开立的程序。

存款人申请开立临时存款账户,应填制开户申请书,提供相应的证明文件,送交盖有存款人印章的印鉴卡片,经银行审核同意后,即可开设此账户。

4．专用存款账户的开设

专用存款账户是指存款人因特定用途需要开立的账户。

（1）专用存款账户设置的条件。

根据《银行账户管理办法》的规定,存款人对特定用途的资金,由存款人向开户银行出具相应证明即可开立该账户。特定用途的资金范围包括:基本建设的资金;更新改造的资金;其他特定用途需要专户管理的资金。

（2）所需提供的证明文件。

存款人须向开户银行出具下列证明文件之一:① 经有权部门批准立项的文件;② 国家有关文件的规定。

（3）专用存款账户开立的程序。

存款人申请开立专用存款账户,应填制开户申请书,提供相应的证明文件,送交盖有存款人印章的印鉴卡片,经银行审核同意后开立账户。

（二）银行账户的使用与管理

1．银行账户管理应遵循的基本原则

（1）一个基本账户原则。即存款人只能在银行开立一个基本存款账户,不能多头开立基本存款账户。存款人在银行开立基本存款账户,实行由中国人民银行当地分支机构核发开户许可制度。

（2）自愿选择原则。即存款人可以自主选择银行开立账户,银行也可以自愿选择存款人开立账户。任何单位和个人不得强制干预存款人和银行开立或使用账户。

（3）存款保密原则。即银行必须依法为存款人保密,维护存款人资金的自主支配权。除国家法律规定和国务院授权中国人民银行总行的监督项目外,银行不代任何单位和个人查询、冻结、扣划存款人账户内存款。

2. 银行账户变更、合并、迁移和撤销

（1）账户变更。需要变更单位财务专用章、财务主管印鉴或出纳员印鉴的,应填写"更换印鉴申请书",并出具有关证明,经银行审查同意后,重新填写印鉴卡片,并注销原预留的印鉴卡片。

需要变更账户名称,应向银行交验上级主管部门批准的正式函件,企业单位和个体工商户需交验工商行政管理部门登记注册的新执照,经银行审查核实后,变更账户名称,或者撤销原账户,重立新账户。

（2）撤销、合并账户。向银行提出申请,经银行同意后,首先要同开户银行核对存贷款户的余额并结算全部利息,全部核对无误后开出支取凭证结清余额,同时将未用完的各种重要空白凭证交给银行注销,然后才可办理撤销、合并手续。由于撤销账户单位未交回空白凭证而产生的一切问题应由撤销单位自己承担责任。

（3）迁移账户。如果迁入迁出在同一城市,可以凭迁出行出具凭证到迁入行开立新户;搬迁异地应按规定向迁入银行重新办理开户手续。在搬迁过程中,如需要,可要求原开户银行暂时保留原账户,但在搬迁结束已在当地恢复经营活动时,则应在一个月内到原开户银行结清原账户。

另外,按照规定,连续在一年以上没有发生收付活动的账户,开户银行经过调查认为该账户无须继续保留即可通知开户单位来银行办理销户手续,开户单位接通知后一个月内必须办理,逾期不办理可视为自动销户,存款有余额的将作为银行收益。

3. 银行账户使用时的注意事项

依据《银行账户管理办法》,开户单位通过银行账户办理资金收付时,必须做到以下几点。

（1）认真贯彻执行国家的政策、法令,遵守银行关于信贷、结算和现金管理等方面的规定。在银行对单位账户进行检查时,必须提供账户使用情况的有关资料。

（2）单位在银行开立的账户,只供本单位业务经营范围内的资金收付,不许出租、出借或转让给其他单位或个人使用。

（3）各种收付款凭证,必须如实填明款项来源或用途,不得巧立名目,弄虚作假;不得套取现金,套购物资;严禁利用账户搞非法活动。

（4）银行的账户必须有足够的资金保证支付,不准签发空头支款凭证和远期支付凭证。

（5）及时、正确地记载银行往来账务,并及时地与银行寄送的对账单进行核对,发现不符,尽快查对清楚。

（三）银行结算

所谓银行转账结算是指不使用现金,通过银行将款项从付款单位（或个人）的银行账户直接划转到收款单位（或个人）的银行账户的货币资金结算方式。

1. 银行转账结算的意义

第一,用银行信用收付代替现金流通,使单位之间的经济往来,只有结算起点以下的和符合现金开支范围内的业务才使用现金,缩小了现金流通的范围和数量,使大量现金脱离流通领域,从而为国家有计划地组织和调节货币流通量,防止和抑制通货膨胀创造条件。

第二,银行转账结算是通过集中清算资金实现的,通过使用各种结算凭证、票据在银行账户上将资金直接从付款单位(或个人)划转给收款单位(或个人),不论款项大小、繁简,也不论距离远近,只要是在结算起点以上的,均能通过银行机构及时办理。手续简单,省去了使用现金结算时的款项运送、清点、保管等手续;方便快捷,从而缩短清算时间,加速物资和资金的周转。

第三,有利于聚集闲散资金,扩大银行信贷金来源。

第四,银行通过集中办理转账结算,便能全面地了解各单位的经济活动,监督各单位认真执行财经纪律,防止非法活动的发生,促进各单位更好地遵守财经法纪。

第五,实行银行转账结算,可以避免由于实行现金结算而发生的现金运输、保管过程中丢失、被抢、被窃等不测损失;并且由于通过银行转账结算,不论款项大小、时间长短,都有据可查,一旦发生意外情况也便于追索,从而保证结算资金的安全。

第六,银行监督各单位认真履行合同,遵守信用,从而减少不守信用而带来的损失。

2. 常见的银行结算方式

结算方式是指用一定的形式和条件来实现各单位(或个人)之间货币收付的程序和方法。主要内容包括:商品交易货款支付的地点、时间和条件,商品所有权转移的条件,结算凭证及其传递的程序和方法等。现行的银行结算方式包括:银行汇票、商业汇票、银行本票、支票、汇兑、委托收款、异地托收承付结算方式等七种。根据结算形式的不同,结算方式分为票据结算和支付结算两大类;根据结算地点的不同,结算方式分为同城结算方式、异地结算方式和通用结算方式三大类。

3. 银行结算起点

银行结算起点是指办理每一笔银行转账结算业务的最低金额。凡是不足结算起点金额的款项收付,通常需用现金进行结算,银行不予办理转账结算。国家规定银行转账结算起点,既要有利于控制现金结算,同时也不能影响各单位之间资金收付和经济往来的正常进行。结算起点过低,则银行转账结算的业务量将大为增加,既会给银行增加压力,同时也会妨碍各单位之间的经济业务的开展;而结算起点过高,则会扩大现金结算范围,不利于国家对现金流通量的控制,因此银行结算起点必须适度。按照《现金管理暂行条例》的规定,现行银行结算起点为 1 000 元。当然各种具体的银行结算方式的结算起点是不同的,比如银行汇票汇款金额起点为 500 元;银行本票不定额的金额起点为 100 元,等等。

4. 办理银行结算的基本要求

第一,必须遵守国家法律、法规和银行结算办法的各项规定。

第二,各项经济往来,除了按照国家现金管理的规定可以使用现金以外,都必须办理转账结算。

第三,在银行开立账户的单位办理转账结算,账户内须有足够的资金保证支付。

第四,各单位办理结算必须使用银行统一规定的票据和结算凭证,并按照规定正确填写。

第五,银行、单位办理结算应遵守"恪守信用,履约付款,谁的钱进谁的账,由谁支配,银行不垫款"的结算原则。

第六,银行按照结算办法的规定审查票据和结算凭证。收付双方发生的经济纠纷应由其自行处理,或向仲裁机关、人民法院申请调解或裁决。

第七,银行依法为单位、个人的存款保密,维护其资金的自主支配权。除了国家法律规定和国务院授权中国人民银行总行的监督项目以外,其他部门和地方委托监督的事项,各银行均不受理,不代任何单位查询、扣款,不得停止单位存款的正常支付。

第八,必须严格遵守银行结算纪律,不准签发空头支票和远期支票,不准套取银行资金。

第九,由于填写结算凭证有误而影响资金使用,票据和印章丢失而造成资金损失的,由其自行负责。

5. 单位和个人办理结算的责任

(1)自行负责。错填结算凭证,致使银行错投结算凭证或对款项不能支付,影响资金使用的,应由责任单位和个人负责;单位和个人对使用的支票、商业承兑汇票和由银行签发的银行汇票、本票、银行承兑汇票以及预留银行的印章,因管理不善造成丢失、被盗,发生款项冒领,造成资金损失的,应由责任单位和个人负责。

(2)连带责任。允许背书转让的票据,由于付款人不能付款退回票据,持票人对出票人、背书人和其他债务人进行追索时,出票人、背书人和其他债务人(如保证人)要负连带责任。也就是说,持票人可以向出票人、背书人和其他债务人中的任何一方进行追索,被追索人不得拒绝。

(3)经济处罚和行政处罚。经济处罚包括:计扣赔偿金或赔款、罚息、罚款、没收非法所得。行政处罚包括:警告、通报批评、停止使用有关结算方式、停止办理部分直至全部结算业务。上列处罚既可单独处罚,亦可合并处罚。具体来说:① 商业承兑汇票到期,付款人不能支付票款,按票面金额对其处以5％但不低于1 000元罚款;银行承兑汇票到期,承兑申请人未能足额交存票款,对尚未扣回的承兑金额按每天万分之五计收罚息。② 存款人签发空头或印章与预留印鉴不符的支票,按票面金额对其处以5％但不低于1 000元罚款。对屡次签发的,应根据情节同时给予警告、通报批评,直至停止其向收款人签发支票的处罚。③ 收款单位对同付款单位发货托收累计三次收不回货款的,银行应暂停其向该付款单位办理托收;付款单位违反规定无理拒付,对其处以2 000元至5 000元罚款,累计三次提出无理拒付,银行应暂停其向外办理托收。④ 付款单位到期无款支付,逾期不退回托收承付有关单证的,按照应付的结算金额对其处以每天万分之五但不低于50元罚款,并暂停其对外办理结算业务。付款人对托收承付逾期付款的,按照逾期付款金额每天万分之五计扣赔偿金等。

二、贷款与信用

(一)贷款

1. 银行贷款的一般原则

申请贷款以自有资金为主,银行贷款为辅;信用第一,谁借谁还,按期清偿本息;区别对待,有选择地扶持;借款自愿,贷款自主,不受任何单位或个人干预;不得将银行贷款挪作他用。

2. 贷款的种类和期限

流动资金贷款:用于解决生产经营中流动资金合理需要的贷款,原则不超过12个月。

固定资产贷款:分为技术改造贷款和基本建设贷款,其中技术改造贷款期限一般不超过3年,基本建设贷款期限一般不超过5年。

专项贷款:具有专门用途的贷款,如特种贷款、扶贫贴息贷款等。

贴现:对持有未到期承兑汇票的生产经营者,因急需资金,可依据票面给予贴现资金,贴现期限一般不超过6个月,最长不超过9个月。

委托贷款:银行根据委托人确定的对象、用途、金额、期限、利率等要求而代理发行的贷款。

3. 申请贷款的方式和程序

(1) 贷款方式。

贷款方式是银行向贷款对象发放贷款时所采取的方法和形式,一般有抵押贷款、担保贷款和信用贷款三种。

(2) 贷款程序。

① 申请人向银行提交申请书,说明申请理由,并提交必要的证件。

② 银行依照贷款条件逐条对申请进行可行性审查,并依照审批程序作出裁定。

③ 签订贷款合同。银行同意贷款后,必须由贷款人与银行签订书面合同,内容包括贷款用途、付款日期、还款期限、贷款利率、违约责任及借贷双方的权利与义务,有必要或有条件的还要经公证机关公证。

④ 借款人根据借款合同的规定,向银行出具借款借据,银行按借据提供具体借款。借款人要求办理结算时,银行按借据办理,将借款转入借款人账户;不需要办理转账结算时,可以直接支取现金。

(二) 信用

信用指建立在对受信人在特定的期限内付款或还款承诺的信任的基础上,使受信人不用立即付款就可获取资金、物资、服务的能力。

借款可以帮助生产经营者解决生产经营中资金不足的困难,促使资金周转,把握赚钱机会。

第一,借款人应让银行感到是诚实可靠的经营者,不会捏造谎言。第二,借款人必须向银行详细说明借款计划。第三,借款人必须按期归还借款。第四,借款人开出的支票必须确保存款账户有足够的金额。第五,借款人必须注重自身的个人形象,应踏实稳重。

三、保险

(一) 保险的种类及作用

1. 保险的种类

保险是指投保人根据合同约定,向保险人支付保险费,保险人对于合同约定的可能发生的事故因其发生所造成的财产损失承担赔偿保险金责任,或者当被保险人死亡、伤残、疾病或者达到合同约定的年龄、期限时承担给付保险金责任的商业保险行为。依据不同的标准,保险有不同的分类。

依照保险的实施形式,可分为自愿保险和强制保险。自愿保险是在自愿的原则下,根据投保人与保险人订立的合同而构成的保险关系。强制保险又称为法定保险,是以国家颁布法律、法规的形式来实施的。凡在法律规定的范围内,都必须全部投保,保险人、投保人双方都没有选择承保或投保的余地。

依照保险的标的不同,可分为财产保险和人身保险。财产保险是以财产及其有关利益为保险标的保险,包括财产损失保险、责任保险、信用保险等。人身保险是以人的寿命和身体为保险标的保险,包括人寿保险、健康保险和意外伤害保险等。

依照保险人承担责任的次序分类,可以分为原保险与再保险。原保险是指由保险人直接承保业务并与投保人签订保险合同,对于被保险人因保险事故所造成的损失,承担直接的原始赔偿责任的保险。再保险是一方保险人把原承保的部分或全部保险业务转让给另一方保险人承担的保险。

依照保险的目的和职能不同,可分为商业保险与社会保险。商业保险是指由保险公司按照商业经营的原则开办各种保险。社会保险是国家为实现某种社会政策或保障公民利益而采取的经济补偿手段的总称。

2. 保险的作用

(1)转移风险。买保险就是把风险转移,而接受风险的机构就是保险公司。

(2)均摊损失。转移风险并非灾害事故真正离开了投保人,而是保险人借助众人的财力,给遭灾受损的投保人补偿经济损失。自然灾害、意外事故造成的经济损失一般都是巨大的,是受灾个人难以应付和承受的。保险人以收取保险费用和支付赔款的形式,将少数人的巨额损失分散给众多的被保险人,从而使个人难以承受的损失,变成多数人可以承担的损失,这实际上是把损失均摊给有相同风险的投保人。

(3)实施补偿。实施补偿以双方当事人签订的合同为依据,其补偿的范围主要有以下几个方面:其一,投保人因灾害事故所遭受的财产损失;其二,投保人因灾害事故使自己身体遭受的伤亡或保险期满应结付的保险金;其三,投保人因灾害事故依法对他人应付的经济赔偿;其四,投保人因另一方当事人不履行合同所蒙受的经济损失;其五,灾害事故发生后,投保人因施救保险标的所发生的一切费用。

(4)抵押贷款和投资收益。保险法中明确规定现金价值不丧失条款,客户虽然与保险公司签订合同,但客户有权中止这个合同,并得到退保金额。保险合同中也规定客户资金紧缺时可申请退保金的 90% 作为贷款。如果您急需资金,又一时筹措不到,便可以将保险单抵押在保险公司,从保险公司取得相应数额的贷款。

同时,一些人寿保险产品不仅具有保险功能,而且具有一定的投资价值,就是说,如果在保险期间出现了保险事故,保险公司会按照约定给付保险金;如果在保险期间没有发生保险事故,那么在到达给付期时,您所得到的保险金不仅会超过您过去所交的保险费,而且还有本金以外的其他收益。

(二) 买保险的原则

一要放下成见,不要偏听偏信。保险公司是经营风险的金融企业,保险法规定保险公司可以采取股份有限公司和国有独资公司两种形式,除了分立、合并外,都不允许解散,所以,大可放下门第之见买保险,但重点要看条款是否更适合自己,服务是否更值得信赖。

二要比较险种,不要盲目购买。每个人在购买贵重商品时,都会货比三家,买保险也应如此。尽管各家保险公司的条款和费率都是经过中国人民银行批准的,但比较一下却有所不同。如领取生存养老金,有的是月领取,有的是定额领取;同是大病医疗保险,有的包括 10 种大病,有的只包括 7 种。这些一定要搞清楚,弄明白,针对个人情况,自己拿主意。

三要研究条款,不要光听介绍。保险不是无所不保,对于投保人来说,应该先研究条款中的保险责任和责任免除这两部分,以明确这些保险单能为您提供什么样的保障,再和您的保险需求相对照,要严防个别营销员的误导。没有根据的承诺或解释是没有任何法律效力的。

四要确定需要,不要心血来潮。买保险首先考虑自己或家庭的需求是什么,比如担心患病时医疗费负担太重而难以承受的人,可以考虑购买医疗保险;为年老退休后生活担忧的人,可以选择养老金保险;希望为儿女准备教育金、婚嫁金的父母,可投保少儿保险,或教育金保险等。所以,弄清保险需要再去投保是非常重要的。

五要考虑保障,不要考虑人情。保险是一种特殊商品,不能转送。有些人因营销员是熟人或亲友,出于情面,还没搞清条款就硬着头皮买下,以后发现买到的是不完全适合自己需要的保险险种,结果是不退难受,退了经济受损失也难受。

六要考虑责任,不要只图便宜。俗话:"一分钱一分货",保险也是如此,不能光看买一份保险花了多少钱,而要搞清楚这一份保险的保险金是多少,保障范围有多大,要全方位地考虑保险责任。

(三)投保人拥有的权利

当业务员拜访你时,你有权要求业务员出示其所在保险公司的有效工作证件。

你有权要求业务员依据保险条款如实讲解险种的有关内容。当你决定投保时,请认真阅读保险条款。

在填写保单时,你必须如实填写有关内容并亲笔签名;被保险人签名一栏应由被保险人亲笔签署(少儿险除外)。

当你付款时,业务员必须当场开具保险费暂收收据,并在此收据上签署姓名和业务员代码;也可要求业务员带你到保险公司付款。

投保一个月后,你如果未收到正式保险单,请向保险公司查询。收到保险单后,应当场审核,如发现错漏之处,有权要求保险公司及时更正。

投保后一定期限内,享有合同撤回请求权,具体情况视各公司规定而定。

如因为工作变动或其他原因导致居住地发生变迁,请及时通知保险公司,申请办理迁移,以确保能享有持续服务。

对于退保、减保可能给你带来的经济损失,请在投保时予以关注。

保险事故发生后,请参照保险条款的有关规定,及时与保险公司或业务员取得联系。

对投保过程中有任何疑问或意见,可向保险公司的有关部门咨询、反映或向保险行业协会投诉。

第四节　相关法律法规

一、经济组织的法律

经济组织的法律,是指确立经济组织主体资格、组织形式和法律地位的法律规范的总称。它包括国有企业法、集体企业法、私营企业法、联营企业法、企业破产法、企业兼并法、外商投资企业法、公司法、合伙企业法、独资企业法、股份合作企业法、企业集团法、合作社法等。这里重点介绍个人独资企业法和合伙企业法。

（一）个人独资企业法

1. 个人独资企业的概念和特征

个人独资企业，是指依法（《中华人民共和国个人独资企业法》）在中国境内设立，由一个自然人投资，财产为投资者个人所有，投资者以其个人财产对企业债务承担无限责任的经营实体。

个人独资企业的法律特征：投资主体的单一性；所有权与经营权合二为一；企业资格与业主人格的重合性；业主对企业承担责任的无限性。

2. 个人独资企业的设立和变更

设立条件：投资者为一个自然人；有合法的企业名称；有投资人申报的出资；有固定的生产经营场所和必要的生产经营条件；有必要的从业人员。

提交材料：设立申请书；投资人的身份证明；生产经营场所使用证明。

个人独资企业的变更，是指企业在正常经营期间因各种原因使原登记的事项发生了变化，如企业投资者发生变化、企业经营规模发生变化以及业务范围发生变化等。

3. 个人独资企业的权利和义务

权利：名称专用权、财产所有权、经营决策权、用工权、工资决定权、定价权、签约权、取得土地使用权、借款权、工业产权、拒绝摊派权、法定优惠享受权。

义务：遵守国家法律、法规和政策的义务；依法纳税的义务；建立、健全财务会计制度的义务；依法用工的义务；参加社会保险的义务；服从国家监督管理的义务。

4. 个人投资企业的解散和清算

个人独资企业的解散：投资人决定解散；投资人死亡或者被宣告死亡，无继承人或者继承人决定放弃继承；被依法吊销营业执照；法律、行政法规规定的其他情形。

个人独资企业的清算是终结个人独资企业的法律关系、消除个人独资企业经营实体资格的程序。

个人独资企业解散的，其财产的清偿顺序是：所欠职工工资和社会保险费用；所欠税款；其他债务。

5. 违反个人独资企业法的法律责任

个人独资企业设立中的违法责任；个人独资企业违法经营的法律责任；个人独资企业在清算中的违法责任；有关国家机关的违法责任；其他规定。

（二）合伙企业法

1. 合伙企业的概念和特征

根据《中华人民共和国合伙企业法》第二条的规定，合伙企业是指依法在中国境内设立的由各合伙人订立合伙协议，共同出资、合伙经营、共享收益、共担风险，并对合伙企业债务承担无限连带责任的营利性组织。

合伙企业的法律特征为：以合伙协议为合伙企业成立的法律基础；各合伙人对合伙企业债务承担无限连带责任；各合伙人之间利害相关、休戚与共。

2. 合伙企业的法律地位及法定类型

法律地位：① 合伙企业是否属于与自然人、法人并列的一种法律主体。② 合伙企业是不是独立于合伙人之外而存在的一种法律主体。

法定类型：我国立法不允许法人以合伙人的身份兴办合伙企业。

3. 合伙企业的设立

设立条件：有 2 个以上合伙人，并且都是依法承担无限责任者；有书面合伙协议；有各合伙人实际缴付的出资；有合伙企业的名称；有经营场所和从事合伙经营的必要条件。

设立程序：订立合伙协议；依约定履行出资义务；进行设立登记。

4. 合伙企业的内部关系

（1）合伙企业的财产。

① 合伙企业财产的构成及其性质：合伙企业购置的资产；合伙企业的营业收入；合伙企业受赠的财产；合伙企业获得的赔偿；以合伙企业名义获得的其他收益。

② 合伙企业财产的管理和使用。《中华人民共和国合伙企业法》规定，合伙企业的财产由全体合伙人依照本法共同管理和使用。

③ 合伙人财产份额的转让。

④ 合伙人财产份额的出质。

（2）合伙企业的内部权力。

根据《中华人民共和国合伙企业法》第三十一条的规定，对合伙企业的下列重大事项作出决议时，必须经全体合伙人一致同意：处分合伙企业的不动产；改变合伙企业名称；转让或者处分合伙企业的知识产权和其他财产权利；向企业登记机关申请办理变更登记手续；以合伙企业名义为他人提供担保；聘任合伙人以外的人担任合伙企业的经营管理人员；依照合伙协议约定的有关事项。除上述法定重大事务须经全体合伙人一致通过外，对其他有关事务作出决议，可采用少数服从多数的原则通过。

合伙企业内部权力的执行方式分为：共同执行、委托执行、分别执行、授权执行。

合伙企业内部监督权的执行方式分为：检查执行情况、审议报告、查阅账簿、提出异议、撤销委托。

（3）合伙人对合伙企业的忠实义务。

竞业禁止义务：合伙人不得自营或者同他人合作经营与本合伙企业相竞争的业务。

交易禁止义务：除合伙协议另有约定或者经全体合伙人同意之外，合伙人不得同本合伙企业进行交易。

损害禁止义务：合伙人不得从事损害本合伙企业利益的活动。

（4）合伙企业的利润分配和亏损分担。

按份主义：按各合伙人的出资份额确定。

平均主义：不问各合伙人的出资多少，一律按人数平均确定。

折中主义：先将年度盈余或亏损的一部分（如 60%）按各合伙人的出资比例分配或者分担，再对剩余部分按合伙人数平均分配或者分担。

《中华人民共和国合伙企业法》规定，利润分配和亏损分担办法是合伙协议应当载明的法定事项。如果合伙协议未约定利润分配和亏损分担比例的，则由各合伙人平均分配和分担。

5. 合伙企业变更、解散和清算

（1）合伙企业的变更。

入伙：在合伙企业存续期间，原先不具有合伙人身份的人加入合伙企业，从而取得合伙人身份的法律行为。

退伙:在合伙企业存续期间,原先已经取得合伙人身份的人因某种情形而丧失其合伙人身份的法律行为。有声明退伙、当然退伙、除名退伙三种形式。

(2)合伙企业的解散。

合伙企业有下列情形之一时,应当解散:

合伙协议约定的经营期限届满,合伙人不愿意继续经营的;合伙协议约定的解散事由出现;全体合伙人决定解散;合伙人已不具备法定人数;合伙协议约定的合伙目的已经实现或者无法实现;被依法吊销营业执照;出现法律、行政法规规定的合伙企业解散的其他原因。

(3)合伙企业的清算。

要做的工作:清算人及其职责的确定;排出合伙企业财产的清偿顺序;制订剩余财产分配和对原合伙企业债务承担的方案;清算结束事宜。

6.违反合伙企业法的法律责任

合伙企业设立中的违法责任;合伙企业违法经营的法律责任;合伙企业在清算中的违法责任;国家机关及其工作人员的违法责任;其他规定。

二、合同法

(一)合同法的概念

合同是平等主体的自然人、法人、其他组织之间设立、变更、终止民事权利义务关系的协议。它由双方当事人的法律行为所引起,因双方当事人的意思表示一致而成立。

合同法是指调整平等主体间利用合同进行财产流转而产生的社会关系的法律规范的总称。

(二)合同的订立

1.合同订立的含义

合同的订立,是合同当事人依法就合同内容,经过协商达成一致意见的法律行为。当事人订立合同,应当具有相应的民事权利能力和民事行为能力。当事人依法可以委托代理人订立合同。

2.合同的条款

合同的内容由当事人约定,一般包括以下条款:① 当事人的名称或者姓名和住所;② 标的;③ 数量;④ 质量;⑤ 价款或者报酬;⑥ 履行期限、地点和方式;⑦ 违约责任;⑧ 解决争议的方法。

3.订立合同的形式

当事人订立合同的形式有口头形式、书面形式和其他形式。口头形式是以口头语言的方式订立合同,其意思用口头语言的形式表示。书面形式是以文字等有形的表现方式订立合同。如合同书、信件和数据电文。其他形式是指不同于书面形式和口头形式的公证形式、鉴证形式等。

订立合同采用何种形式,通常由当事人自由选择。但法律、行政法规规定采用书面形式的,或者当事人约定采用书面形式的,应当采用书面形式。

4.订立合同的步骤

当事人订立合同均应经过两个步骤。

(1)要约。

要约是希望和他人订立合同的意思表示。

要约应当符合下列规定：一是内容具体确定；二是表明经受要约人承诺，要约人即受该意思表示约束。

（2）承诺。

承诺是受要约人同意要约的意思表示。

承诺应当以通知的方式作出，但根据交易习惯或者要约表明可以通过行为作出承诺的，可以用行为表示承诺。承诺应当在要约确定的期限内到达要约人，承诺的内容应当与要约的内容一致，对要约的内容作出实质变更的，视为新要约。

5. 订立合同的原则

订立合同时，当事人要根据诚实信用的原则，遵守要约承诺的规则。

对诚信原则的违反可能带来承担赔偿责任的法律后果，这是统一合同法取得的重要成果之一。

（三）合同的效力

1. 有效合同

有效合同应当具备民事法律行为的三个条件：一是行为人具有相应的民事行为能力；二是意思表示真实；三是不违反法律或者社会公共利益。依法成立的合同，自成立时生效，受国家法律保护。

2. 无效合同

无效合同就是不具有法律约束力和不发生履行效力的合同。其表现主要有：一方以欺诈、胁迫的手段订立合同，损害国家利益；恶意串通，损害国家、集体或者第三人利益；以合法形式掩盖非法目的；损害社会公共利益；违反法律、行政法规的强制性规定。具有上述情形之一的，就视为无效合同。合同中若有下列免责条款，该条款无效：一是造成对方人身伤害的；二是因故意或者重大过失造成对方财产损失的。

3. 可撤销合同

可撤销合同是指因意思表示不真实，通过撤销权人行使撤销权，使已经生效的意思表示归于无效的合同。因重大误解订立合同的；在订立合同时显失公平的；一方以欺诈、胁迫的手段或者乘人之危，使对方在违背真实意思的情况下订立的合同，当事人一方或者受损害方有权请求人民法院或者仲裁机构变更或者撤销。

4. 效力待定的合同

效力待定的合同是指合同生效与否尚未确定，需要由第三人做出承认或者拒绝的意思表示才能确定的合同。双方当事人订立合同后，作为第三人的权利人对此承认，合同生效；对此拒绝，合同无效。如限制民事行为能力人订立的合同、超越代理权或者代理权终止后以被代理人名义订立的合同、无处分权人订立的合同，都属于此种情况。

（四）合同的履行

合同的履行，是合同当事人按照合同的规定，各自承担自己的义务。我国合同法对合同的履行，主要规定有如下几项。

1. 合同的履行原则

履行合同应遵循的原则是：全面履行；诚实信用；公平合理。

2. 合同履行的抗辩权

抗辩权是指在双务合同中，一方当事人有依法对抗对方要求或者否认对方权利主张的权利。

我国合同法规定了同时履行抗辩权、后履行抗辩权和不安抗辩权三种情况。

（1）同时履行抗辩权。

同时履行抗辩权所指的情况是：当事人互负债务，没有先后履行顺序的，应当同时履行。一方在对方履行之前有权拒绝其履行要求。一方在对方履行债务不符合约定时，有权拒绝其相应的履行要求。

（2）后履行抗辩权。

后履行抗辩权所指的情况是：当事人互负债务，有先后履行顺序，先履行一方未履行的，后履行一方有权拒绝其履行要求。先履行一方履行债务不符合约定的，后履行一方有权拒绝其相应的履行要求。

（3）不安抗辩权。

不安抗辩权所指的情况是：应当先履行债务的当事人，有确切证据证明对方经营状况严重恶化；或转移财产、抽逃资金，以逃避债务；或丧失商业信誉；或有丧失或者可能丧失履行债务能力的其他情形，可以中止履行。当事人行使该抗辩权中止履行的，应当及时通知对方，对方提供适当担保时，应当恢复履行。当事人没有确切证据中止履行的，应当承担违约责任。

3. 合同履行的保全

保全是指为防止因债务人的财产不当减少而给债权人的债权带来危害时，允许债权人为保证其债权的实现而采取法律措施。

保全措施包括代位权和撤销权两种。代位权指的是因债务人怠于行使其到期债权，对债权人造成损害的，债权人可以向人民法院请求以自己的名义代位行使债务人的债权。撤销权指的是因债务人放弃其到期债权或者无偿转让财产，对债权人造成损害的，或者债务人以明显不合理的低价转让财产，对债权人造成损害的，并且受让人知道该情形的，债权人可以请求人民法院撤销债务人的行为。

（五）违约责任

违约责任是指合同当事人违反合同约定所应承担的责任。

我国合同法对违约责任采取的是无过错责任原则，即当事人不履行合同义务或者履行合同义务不符合约定，不管主观上是否有过错，除不可抗力可以免责外，都应承担违约责任。

承担违约责任的方式主要有：① 继续履行；② 采取补救措施，如质量不符合约定的，可以要求修理、更换、重做、退货、减少价款或者报酬等；③ 赔偿损失；④ 支付约定违约金或者订金。

除上述内容外，我国合同法还对合同的变更和转让、合同的权利义务、合同的终止以及各类合同的内容都作了具体而详细的规定。

第六章　创　业　程　序

创业是一个科学的过程,应该遵循科学规律,依据一定的程序进行。创业之前要选准创业目标进行科学论证,确认可行后,要制订详细的创业计划,筹集必要的创业资金,并履行有关登记手续。只要你按照完整的创业程序周密安排、稳步实施,就能确保创业活动在国家法律的保护之下获得成功。

第一节　选择创业目标

任何成功都离不开目标,没有目标的人将成就不了大事业。创业活动是一项复杂的社会实践活动。你要想取得创业的成功,必须认真调查研究,充分论证分析,选准创业目标。这样才能实现自己的创业理想。

一、创业条件分析

在创业的初始阶段,你要对自己所具备的条件进行全面评估,认真分析其优势与薄弱环节,从而为创业的成功奠定良好的基础。

1. 积极营造优良环境

创业环境,顾名思义就是指开展创业活动的范围和领域,是创业者所处的境遇和情况。创业环境是对创业者创业思想的形成和创业活动的开展能够产生影响和发生作用的各种因素和条件的总和。

创业环境总是以多姿多彩的形式来表现其内涵。具体说来,创业环境主要有以下几种表现形式。

第一,社会环境。社会环境也可称为国情,是指社会的政治制度、经济制度、法律制度、思想文化、风俗习性,以及党和政府的路线、方针、政策等方面的条件。你在选择创业目标时要努力满足社会需求。

第二,经济环境。新的经济时代具有新的特点,诸如:人力资源越来越重要,越来越没有固定的“工作岗位”,产品和服务价值的增加更多依赖于知识的含量,企业和创业者个人竞争优势取决于学习能力、应变能力和适应能力,产品的价值标准正在发生改变,产品上市成功的关键首先是开发时间,批量生产规划和规模经营效益高的原则受到挑战和质疑。在网络经济时代逐步取代传统工业经济时代的渐变过程中,必然会出现各种新的变化。

第三,生产环境。生产环境是指创业者的资金转化为产品的过程所需要的各种因素,包括劳动力、生产设施、原材料、技术服务、动力供应、交通运输等状况。

第四,内部环境。内部环境是创业组织内部各种创业要素的总称,如人员、资金、设施、技术、产品、生产、管理、运营等方面的情况。处理好内部关系,优化内部环境是创业活动生存的根基。

第五,消费环境。消费环境是指创业者的商品转化为货币的过程所需要的各种条件。

其主要包括特定地区人们的富裕程度、消费观念、消费水平、市场和竞争对手等方面的情况。

上述各种形式的创业环境相互交织,构成了完整的创业环境。

2. 认真研究市场需求

商业经营者绝大部分都是与老百姓打交道的。因此,老百姓的需求状况如何,直接决定着商业经营的好坏。没有需求的商业,不过是"无源之水"、"无本之木",这种创业是难以成功的。因此,你必须仔细分析研究项目建成之后的需求状况如何。具体来说,就是要认真分析研究下列情况。

(1)需求总量情况。投资前预期顾客的需求水平怎样?例如,我国涂料市场需求将呈现继续扩大趋势。据预测,城乡住宅建设将成为我国经济的增长点和消费热点,持续的装修热和工程项目竣工仍将进一步拉动我国涂料市场增长。近期内,我国农村将会有5.68亿平方米住宅需求,农村涂料市场的发展潜力极大。特别是环保型高档涂料和多功能型涂料将备受国家重点工程青睐,水性涂料市场将更加红火。此外,涂料市场向外辐射扩张,品种的市场定位将向全球化发展。预计今后几年内,中国涂料产业格局可能会发生巨变。

(2)需求结构情况。顾客购买力的流向如何?可根据居民收入水平进行分类,测算出每类居民购买力的投向。

(3)需求季节情况。主要是掌握需求的季节性规律。如秋燕服装厂厂长王强预见2004年冬天的气温可能下降,一进入秋天就采购了各种花色的羽绒衫面料、等级不一的羽绒及配料,做好了加工翻新羽绒服的一切准备。结果,冬天来临之时,生意十分红火,获得了一笔可观的利润。

(4)需求动机情况。分析顾客购买商品时的购买动机,是求名心理、求新心理、求廉心理,还是求实心理。你只有掌握了预期顾客的购买动机,在投资项目建成后才能开展有效的经营。

3. 充分了解竞争对手

《孙子兵法》云:知己知彼,百战不殆。你对竞争对手的情况必须充分了解。这是创业前必不可少的一项准备工作。需要了解的情况包括:竞争对手的数量、经营状况、劳动效率、优势和弱点、竞争策略以及潜在的竞争对手等。

在投资前深入研究竞争状况,对创业者来说是至关重要的。你应详细调查你准备投资的项目有多少竞争对手、竞争态势如何等。"商场如战场,商情如战情",你必须牢记在心。

4. 切实把握资源

资源是创业投资成败的关键和物质基础。一个创业者如果没有自己发展的各种资源,就想投资创业,那只能是"天方夜谭",随时都有失败的危险。所谓"巧妇难为无米之炊",说的就是这个道理。

资源主要包括五个要素:技术要素、资金要素、人力要素、原材料要素、信息要素。这五种要素对创业起着决定性的作用。

(1)技术要素。技术进步是经济发展的强大动力。你如果具备了必要的知识和技能,那么,创业成功的希望就大。青年学生是祖国的未来,应努力学好科学文化知识,掌握熟练的操作技能,练就一身过硬的本领。

随着科学技术的迅猛发展,市场竞争的日益激烈,新技术开发将显得十分重要。所谓新技术开发,就是将科学技术潜在的生产能力转化成直接的生产能力。就其过程来说,是指从研究或试制开始直至投入批量生产的一个创新过程。所谓新技术,是指在一定时空范围内初次出现的全新的技术;或者是原来已经有过的,现在经过改进革新,在性能上有所突破、有所进步的技术。

(2)资金要素。货币资金的投入是你必须考虑的基本问题。创业的资金从何而来? 为何要投资? 怎样使用有限的资金获得最大的经济效益? 此类问题都必须考虑再三。资金运作是现代投资营运的主体。任何一个投资者在开始投资前,首先要考虑所需资金以及用何种方式来筹集这些资金。

(3)人力要素。同学们必须清醒地看到,人力要素在创业时起着决定性的作用。人是首要资源,其他资源的开发、利用都离不开人的作用。因此,要针对相关的岗位设置,重视人才的招聘和培养,放手让懂技术、有能力的人在创业中施展才华。要牢固确立“以人为本”的理念,充分调动全员的工作积极性。

(4)原材料要素。原材料是生产加工对象。在生产过程中,把原材料自身的物质消耗价值转移到产品价值中,成为产品价值中的主要组成部分。事实上,原材料的供应多少、用量多少、质量好差、品种如何、价值高低等对生产的正常进行影响极大。

(5)信息要素。创业方向的选择、投资数量的多少,在作出决策时都离不开信息。个人的经验与直觉是由信息积累产生的,而市场信息则是普遍存在的,二者结合起来就构成了一个良好的信息环境。一个成功的创业者,必须眼观六路,耳听八方。要使生意兴隆,必须信息灵通,古今中外莫不如此。现代市场越来越广阔,市场信息瞬息万变。科技更新换代加快,人们的消费心理、消费需求也在不断变化。你在初次创业时,对这些变化的情报更要及时、准确地了解,并建立相应的信息库,为经营决策提供可靠的依据。

随着计算机的普及,利用互联网查阅信息,既快捷又方便。这是获取信息的重要途径之一。此外,平时出差办事、与亲友聚会等机会都是获取信息的良好时机。

总之,你只有全面分析上述各种要素,才能了解自身的情况,从而在创业中量力而行,达到事半功倍的效果。

二、创业目标选择

1. 掌握创业目标的内涵

创业者成功的关键是有强烈的目标意识。因此,你要充分地认识到正确选择创业目标是非常重要的。创业目标是指创业者在创业过程中努力争取达到的预期结果,也可看做是创业者要完成的任务或是创业者的指向、抱负。创业目标一般包括干什么、为什么干和干的结果三方面的内容。

(1)干什么。这是目标确定的逻辑起点。如果这个“点”选准了,创业就有成功的希望;如果选得不准,创业活动就会走弯路;如果完全选错了,创业就会失败。苏北农民张某与他人合办一家化工厂,开始工厂效益还不错,但由于造成附近河水大面积污染,结果被环保部门勒令停产。可见,在确定创业目标时一定要慎之又慎。

(2)为什么干。人们自然会回答“赚钱呗”。的确,创业的直接动机都包含赚钱的内容,也确实有些人就是为了赚钱而创业的。但如果仅把赚钱当做目的,事业就不会得到持续发展。赚钱应是创业的手段和条件,既不能背离法规的约束,又要考虑自己所应承担的社会责任。

(3)干的结果。这是对创业最终结果的期望,是创业者、合作者和员工不断努力、执著追求的目标,是大家为之努力的方向。创业目标不是唯一的,而是由众多目标组成的目标体系。

2. 创业目标确立的依据

创业者要使自己的事业健康发展,为社会作出贡献,应根据时代趋势和社会需求,依据自身的特点与优势,立足于客观条件来确立自己的创业目标。

(1)努力满足社会需求。

社会是创业的大舞台,要想在社会大舞台上获得创业的一席之地,就必须使创业目标与社会需求相一致。社会需求既是你确立创业目标的首要依据,又为你施展才华提供了广阔的创业领域。只有这样,社会才能支持你的创业行为,认同你的创业成果。

(2)全面促进社会进步。

促进社会进步的条件包括物质文明和精神文明。就物质文明而言,最核心的就是科学技术的发展。要千方百计提高自己经营业务的科技含量,增强创新意识。创业者还应努力为社会主义精神文明建设作贡献。

(3)合理利用社会资源。

我国是一个资源短缺的国家。因此,谁能最有效地利用社会资源,懂得珍惜社会资源,谁才有可能在竞争中成为优胜者。

(4)充分挖掘自身潜能。

创业者必须正确评价自己的能力及优势所在,力求与创业的具体要求相匹配,最大限度地挖掘自己的创业潜能,从而获得创业的成功。

(5)力求符合创业者兴趣。

兴趣是个体积极探究事物的认识倾向。兴趣是获得创业成功的动力。凡是符合自己兴趣的创业活动,就容易提高创业者的积极性,使创业者能积极愉快地从事创业活动。

兴趣对于创业者来说有以下几个作用:第一,对未来创业活动的准备作用;第二,对正在进行的创业活动的推动作用;第三,对创业活动的创造性态度的促进作用。

根据自己的兴趣确立创业目标而取得成功的例子不胜枚举。网易公司创始人丁磊在高中时就接触电脑,那时进入了学校的计算机小组,编制的软件还获得了比赛的第二名。1989年考大学时,虽然选择了通信专业,但出于对计算机的热爱,在大学里他还是自学了计算机专业的几乎所有课程;同时,因为学的是通信工程的缘故,很自然地把计算机和通信结合得很好。当然,人的兴趣并不是绝对固定不变的。由于诸多原因,有时创业目标的确立与自己的兴趣不完全符合。在这种情况下,就应当从与自己兴趣相近的职业中进行选择,并培养自己的职业兴趣。否则,完全拘泥于自己现有的兴趣,反而会作茧自缚,不利于创业目标的正确选择。

3. 遵循创业选项的准则

在众多的社会行业中,怎样确定自己的创业目标呢?其实,创业不是一件简单的事情,要在这方面有所成就的话,至少要懂得一定的选项准则。

(1)资金周转期要短。你开始创业时,选择的行业,其资金周转期要尽可能短些。因为有限的资金,要用于办理各种手续,购置固定资产,购买原材料等,而且最起码要备有一个月以上的周转金。在确定目标后,如果只有资本而无周转金,创业经营将会危机重重,创业目标将难以实现。不过,有时我们可以采取一些必要的措施灵活处理。"背靠大树好乘凉",可以选择与大型企业合作；也可以向批发商赊欠一部分，待产品销出后再付款。这是比较稳妥的。

（2）技术性要求稍低。技术性要求较高的行业往往需要相当多的资本。这对于小资本创业的人来说，的确是一项负担。所以，在创业初期，你应选择技术要求不太高，资金需要量不太大的行业。比如，可以考虑先开鲜花店、儿童玩具店等。

（3）库存商品较少。在创业初期，你由于资金量有限，千万不要选择库存商品需要多的行业。就拿某些商店来说，为了维持正常的经营，需要的库存商品量就比较多，如果市场一旦有波动或产品长期卖不出去，必然会造成资金周转困难，甚至陷入倒闭的困境。所以，你应选择库存商品需要少的行业，当日买进的商品，尽可能当日卖出，以加快资金的周转速度。

（4）行业成长性良好。创业就是要使自己的事业不断发展壮大。一个成功的创业者所选择的行业应具有较好的成长性，经营的业绩要一年比一年好，甚至有高速发展的前景。这才是最有前途的行业。

（5）需要的人手不多。在市场上，我们经常看到只有一个人在工作的店面或者夫妻店。在创业之初，资金不多，经验不足，从事小本经营，原则上是人手越少越好。例如，夫妻店中，只有老板和老板娘。他们既是老板，又是伙计，夫妻俩目标一致，同甘共苦。等到经营状况好转，不得不扩大规模时，再酌情增加人手，逐步发展壮大。这才是稳扎稳打的办法。

（6）预估利润要细。你在创业之前，必须认真细致地做好利润预估工作。对于这一点，千万马虎不得。因为这是创业中最重要的问题之一。利润的预估若发生偏差或错误，就会产生意想不到的恶果。那么，怎样预估利润呢？

预估利润的方法是，对店面位置、顾客的数目、该行业在此地的竞争力等，预先进行各种细致的调查，制定符合顾客消费水平的价格，并对其他零散费用作详细的预算，得出净利润。不过，利润预估工作要有长远的发展眼光。

实践证明：选择一个好的创业项目就意味着成功了一半，而最省时省力省钱的办法就是把发达地区先进和成熟的东西"拷贝"和"嫁接"过来，为我所用。"别人没有的，你做；别人有的，你就做得更好。生意经就是这么几条，关键是你自己悟出来了，就一定会赚到钱。"

4. 确定创业目标的原则

依据上述创业选项的准则，根据自身条件和优势，认真地进行分析论证，最终确定自己的创业目标。一般来说，确定创业目标应考虑以下原则。

（1）市场需求原则。社会是创业的大舞台。要想在这个大舞台上大显身手，获得创业的成功，就必须使自己的创业目标与社会的需求相一致。确定创业目标应以满足市场需求为前提，重点发展需求量大、发展前景广阔的产业或项目。

江苏省如东县新林镇青年王荣藩在确立创业目标时，能潜心捕捉那些社会急需而又不太引人注目的行当。他从农村的生产实际出发，将创业目标置于农民迫切盼望的农业生产工具的技术改进上。他发明的手动喷雾器球状过滤装置，解决了喷洒农药时容易阻塞的难题，不仅提高了雾化效果，而且还使用药量减少了四分之一，用水量减少了四分之三。王荣藩确立的创业目标，既有较大的经济效益，又有较好的社会效益，因此得到了社会的充分肯定。

（2）经济效益原则。创业的过程首先是一个创造物质财富的过程。所选择的投资项目要有较高的投入产出比，即投资要讲究一定的回报率。凡经济效益显著的决策方案，应纳入选择和决策的范围,没有经济效益或经济效益很低的决策方案应坚决淘汰。

(3) 量力而行原则。不同的行业有不同的特点。不同的行业对创业者的能力和素质要求也不相同。任何人不可能对所有的行业都精通。你在选择创业目标时,必须清醒地认识自己的能力倾向和优势所在,力求与所选创业目标的实际要求相一致。做到既量力而行,又能充分挖掘自己的潜能。因此,你在未来的创业过程中,应充分发挥自己的优势,尽量显示自己的才华。

(4) 遵纪守法原则。创业者选择目标必须符合国家的政策法规。否则,必然会遭到社会的否定和法律的制裁。你要熟悉本行业的法律知识,按时纳税,依法经营,维护员工的合法权益。必须强调的是:一定要按法定程序做生意。这是最基本的创业之道。

5. 创业目标的最终确定

确定创业目标的过程也就是创业目标的决策过程。创业目标的决策是指创业者对未来创业实践的方向、目标、原则和方法作出的决断。正确的创业决策能指导创业实践,少走弯路,促进创业进程。因此,你要特别重视创业的决策过程。当意向性的创业目标选定之后,就可进入决策阶段。

在决策过程中首要的任务是要拟定决策目标。就决策过程而言,决策目标是创业决策的前提。决策目标包括创业决策对象和创业决策目的两部分。其特点是:① 可以计算成果;② 可以规定其达到的时间、空间和规模;③ 可以确定其责任。在充分掌握了必要的可供决策使用的信息、经验和分析结果的基础上,要把握时机,适时决策。千万不可错失良机。

当创业目标的内容明确后,所确定的创业目标就具有十分重要的作用。① 指导作用,就是使创业的目的性、针对性更强;② 激励作用,即能激发创业者加倍努力,克服困难,为创业目标的实现而奋斗;③ 标尺作用,就是用已经确定的创业目标去衡量和判断创业行为的成效;④ 凝聚作用,就是使参与创业的所有成员都能心往一处想,劲往一处使。

第二节　拟订创业计划

常言道:万事开头难。创业也是这样,但只要拟出翔实的可行性计划,寓客观性、可行性于一体,则一切都可迎刃而解。好的计划是成功的一半。拟订好创业计划,才能使创业有的放矢地进行。

一、进行市场调查

你在制订创业计划之前,应进行深入的市场调查,使计划具有可实施性。

市场调查的步骤是:① 确定调查目标,并拟定有关的调查项目;② 选择合适的调查对象和方法;③ 制订调查计划;④ 准备、组织调查工作;⑤ 实地调查;⑥ 整理分析有关资料;⑦ 提交调查报告。

市场调查的方法有:询问法和观察法。询问法包括个人询问法、邮寄调查法、电话调查法、混合调查法。观察法包括直接观察法、亲身体验法、行为记录法、实际痕迹测量法等。

1. 调查货源情况

调查了解货源情况极为重要。因为只有具备充足的货源,才能保证正常运转,以获得丰厚的收益。与此同时,还应掌握货源调查的基本内容。一般来说,商业投资前的货源调查主要包括:本行业、本地区该种产品的生产经营状况和国际上的生产经营状况;新产品的开发情况;商品的种类、质量、成本、数量、赢利情况等。你只有将这些情况了如指掌,才能理智地作出分析和判断,防止把钱扔到水里。

2. 调查价格水平

价格水平的高低及其变动情况不仅对商业投资项目的造价具有重要影响,而且对商业投资项目投入经营后的经济效益也具有十分重要的意义。因此,在调查活动中价格是需要考虑的重要因素之一。通过价格调查,可以了解原材料和计划经营商品的价格变动及其趋势,分析测算出价格变动对于总投资的影响程度,从而及早采取应对措施,争取在剧烈的价格波动中始终占据主动地位。

3. 预测商品销路

商品销路的预测是一项必不可少的准备工作。商品销路如何,直接关系到创业的经济效益。如果你经营的商品销路不好甚至没有销路,则要想赚取利润,那是不大可能的。事实上,要想掌握商品今后的销路,需要综合了解多方面的情况。要了解商品的设计、性能、用途、造型、包装、安全性、生命周期、新产品开发等要点,还要了解顾客构成、需求水平、竞争态势、购买心理及购买习惯等诸多因素,进行通盘考虑。

二、拟订创业计划

一位名人曾说过:"成功＝计划(目标)＋正确的方法＋有效的行动"。因此,在创业前,根据自身的实际情况拟订一份详细的创业计划,将有助于你在今后的创业中把握正确的方向,尽快实现创业目标。

1. 创业计划的含义

创业计划是对创业活动的目标及实现目标过程中所涉及的内容所作出的具体安排,一般以书面的形式表现出来。

2. 创业计划的组成

在认真做好市场调查的基础上,根据初步确定的创业目标和创业构想,开始拟订创业计划。创业计划一般包括以下主要内容。

(1)导言。

用简明扼要的文字对创业经营计划的内容进行概括性描述。其内容包括企业的名称和地址,负责人姓名、电话和地址,企业性质及其经营特点,所需筹措资金的数量,创业计划的机密性要求。

(2)计划执行概述。

应描述企业的特点,解释所需要筹集的资金数额和怎样使用,展望市场潜力,阐述新办企业将会成功的理由。以简洁可信的描述,强调新办企业经营计划中的要点,目的在于鼓舞企业员工士气,激发潜在投资者的兴趣。

(3)行业分析。

新办企业的创办者和潜在的投资者都应该了解所处行业将来的发展趋势和竞争者状况。进行行业分析一般需要弄清这样一些问题:该行业预计的增长率是多少? 最近的竞争者是谁? 实力如何? 这个行业最近有什么样的新产品上市? 有什么办法能使自己的企业超过竞争对手? 几个主要竞争者销售情况如何? 自己的企业和每个竞争对手相比较,优势和劣势分别是什么? 目标市场中客户群体的特点有哪些? 自己的客户和竞争者的客户有什么区别和联系?

（4）新办企业描述。

对企业的具体描述，可使你明确企业经营的规模和范围。描述的具体内容包括企业能够提供的产品和服务、企业的经营地点和规模、所需办公人员和办公设备、创业者的背景情况等。

（5）生产计划。

任何一个企业的产品和服务都有一个生产制造过程。编写生产计划时需要考虑的相关问题主要有：企业将提供产品和服务的全部还是部分的制造程序？

如果某些制造工序需要分包，谁将成为分包商？罗列出分包成本明细。生产过程的工序和布局怎样？厂房、机器和设备情况如何？需要什么原材料？设备和原材料的供应商是谁？产品制造的成本是多少？

如果是服务性行业，则一定要注意：货物从哪里购买？如何运营？存货需求如何？怎样对存货开展促销活动？

（6）营销计划。

营销计划是创业活动成功的关键，是创业经营计划中的重要组成部分。营销计划主要描述产品或服务将如何被分销、定价、促销、服务，产品的营销预测以及控制等。

（7）组织计划。

组织计划主要描述新办企业的所有制形式，描述公司的所有制是独资公司、有限责任公司、股份制公司等，提供公司组织结构框架，明确组织内部成员的责任、权利分配情况，提供出资人员、合伙人员以及组织内主要成员的个人情况。

（8）财务计划。

财务计划主要表述新办企业的经济可行性，描述企业的营利能力，进行盈亏平衡分析，编制损益预估表、现金流量预估表、资产负债预估表，阐明资金的来源和运用等。

（9）风险估计。

风险估计主要是对企业的弱点、新技术给企业带来的风险、应急计划和备选战略等进行的评价。

（10）附录。

创业计划一般都有一些附表，注明一些信息和数据的来源，包括供应商、竞争者的报价清单、商务谈判的来往信件、市场研究的统计数据、相关租约和合同等内容。

创业计划也可以分项编写，一般可分为创业经营计划、市场营销计划、组织计划、财务计划等。

3. 创业计划的实例

家居行业创业计划书

公司名称：×××家具公司　　　　　　　　负责人姓名：×××

地址：×××路××号　　　　　　　　　　电话：×××××××

一、实施创业的基本条件

（1）具有良好的职业经历和职业业绩。

（2）具有一定时期的创业模拟准备。

（3）发起人具有满足行业创办初期的资金需求能力。

（4）创业思路日趋成熟。做强、做精、做准占20%；做好、做妥、做稳占80%。购买行为将获得技术工艺标准、品质控制标准、经济合同履行和分承包方的支持,坚持双赢,不断学习。

(5) 企业运行将向"头脑型"企业的方向演变,通过可控资源因素和不可控资源因素在销售和开发中的磨合作用来逐步实现。

二、公司的一般情况

1. 公司性质和主要经营范围

公司采用有限责任公司形式,性质为混合经济。公司的初期投入为人民币50万元。

主要经营范围为:木制家具生产、销售;工艺品、艺术品制造,创作产品的销售;室内装潢设计、室内装潢施工及其配套制品的销售;家居式空间相关用品的原材料销售。

2. 地址选择

3. 经营理念

做小、做精、做好。

4. 质量目标

特等品率:10%;一等品率:20%;合格品率:100%。

三、产品与服务

四、市场与顾客群分析

1. 目标顾客

在企业初期的计划销售额为:$65 \times 18 = 1\,080$ 万元。

(1) 单体顾客:满足居住和提高生活质量的人群。其特征是个性化的小量购买,是主要服务对象。

(2) 团体顾客:满足营业需求的顾客(如饭店、宾馆、公司等)和满足销售需求的经销商。其特征是个性化设计的成批购买和来样成品生产组织。

(3) 特殊需求顾客:满足生产组织、品质控制等需求的顾客。

2. 顾客需求满足

以个性化商品、整体化销售的方式满足单体顾客群对有效营造温馨居室和彰显文化品位的潜在需求;以准时化服务满足团体顾客群的需求;以成效显著的方案和策划满足有特殊需求顾客的现实需求。

3. 市场前景

市场容量和主流购买群情况显示,市场前景较为乐观。

五、竞争

(1) 竞争对手分析:在卧房家具主流价位的目标市场内,充分掌握竞争对手的价格和服务、款式、品质等情况。

(2) 竞争对策。

① 服务做好:其中包括安居、使用说明;随访、公开承诺等。

② 款式做多:同一造型设计 A、B、C 三种不同价位的产品,使喜欢造型和欲少花钱的顾客能够在三个价位上选择比较适合自己的价格。

③ 价格做公:尽可能让利给消费者。

六、促销手段

(1) 价格适宜。

(2) 营造专用销售地的氛围,使现实和潜在商品选购者在销售地停留时间增多,构成停留、讨论、成交的良好销售过程。

(3) 做顾客的顾问和助手,帮助顾客确立"少工序胜多工序的"家具选购原则。

(4) 宣传。设计媒体广告,发放产品宣传册。

七、成本计划

精心计算料、工、费(财务费用、租赁费用、销售费用、运输费用、折旧费用等)的成本。

八、现金流量计划

年销售 600 万元,月销售 50 万元,生产周期 40 天。资金周转天数:3 个月/次。

流动资金需求量:总销售值的 55%,即 27.5 万元×3 个月=82.5 万元。具体现金流量由专业人员设计。

九、投资回收

投资回收期为 2 年。

十、组织和员工

(1) 组织:鉴于小型组织的特点,经理层将分别兼任作业层 3 个部门的负责人。

(2) 员工:企业初期配员额为 30 人以下。员工的 2/3 可招收具有 3 年以上工作经验的熟练木工,其余可适当安排家具公司的富余人员。员工的工作条件应是优良的环境;员工的工资待遇应居同行业中上等水平,具有较强的吸引力,同时应享受一定的养老保险和医疗保险。

十一、申办程序及日程安排

(1) 步骤:发起人确定;投入款确定;性质确定;起草章程;资本到位;登记注册。

(2) 日程安排:筹备期为 3 个月。总日程安排,须经智囊团充分酝酿和反复论证之后开始操作。在操作过程中,可根据实际情况,随时做出相应的调整。

第三节 实践创业构想

确定了创业目标,拟订了创业计划,经过论证评估,确定了创业计划后,就可以实践创业构想了。

一、筹集开业资金

"巧妇难为无米之炊",创业也是如此。充裕的资金是投资创业的物质基础。开门第一件事就是资金。集资,是投资者运营资金的预演,也是决定创业规模的重要因素。你要想取得创业的成功,就要千方百计筹集资金。

1. 筹集资金的方法

在现实中常用的筹资方法是自行储蓄和借贷。

(1) 自行储蓄。

俗话说,"爹有娘有抵不上己有"。自己钱包里钞票充足,做任何事情都会感到踏实。你毕业后,可以先"打工",逐步积累一部分资金,把这些资金存入自己的借记卡。创业的第一步往往由储蓄开始。金钱存入银行是很安全的,一段时间后,可积少成多,同时还可以获得一定的利息。存款的方式有多种,你应选择对自己最有利的,且利率最高的存款方式。所以,你不妨先向银行工作人员了解哪一种存款方式最好且利率最高。可以多走几家银行作比较,最终确定把钱以何种方式存入哪家银行。

光是把钱存在银行里,实际上不会带来更多的钱财,也不可能为你带来足够的创业资金,然而在创业的起步阶段,储蓄仍不失为一种好办法。

(2)借贷。

中国人有一种传统观念,就是千万别向人家借贷,即使真的一时周转不过来,需要向别人借贷,也应在最短时间内归还,因为人们认为负债是一件不光彩的事。

社会日益进步,传统思想应该修正。特别是创业,借贷是很正常的。通过借钱来增加自己的资本,是迈开创业的第一步,是必须的手段,也是走向富裕的必经之路。借钱会使你的资本增加,从而有条件开展较理想的事业。

然而,借贷有利也有弊。不管你的事业成功与否,将来都要连本带利如数偿还。所以,借贷前及用钱时必须考虑再三,最好先定下安全领域。例如,计算借贷额占投资额的百分比,比率最好不超过五成。

通常情况下,借贷有两种方式。

第一,向亲友借贷。

独立创业者多会向兄弟姐妹或亲朋好友借贷筹集资金。借贷时要写借条,以防日后产生财务纠纷。还有一点必须注意,那就是要讲信誉,决不拖延还款期限。这是做人的基本准则。即使是兄弟姐妹、亲朋好友,也应如此。否则,人家就不会信任你,在商场上将难以立足。另外,在向他人借钱时,最好集中在少数的特定对象上,万一发生经济纠纷,可以缩小影响面。

第二,向银行借贷。

向银行借贷,已经被越来越多的创业者所接受。可以说,每一个成功的创业者,都先后得到过银行的支持。

向银行借贷购买楼房,由于有楼房契约作担保抵押,产生风险的几率不大,所以银行一般都愿意借贷。但是,向银行贷款做生意,就不一样了。由于从事任何行业投资都有潜在的风险,银行为确保资金的安全,必须对客户作详细的考察。贷款人要有按期正常偿还贷款本息的能力,并有相当经济实力的单位或个人作担保,银行才有可能把资金借贷给你。这是正常的借贷手续。其实,银行比较重视的是客户的信用与客户对金钱的价值观念,同时还会重点考察客户所投资项目的发展前景,资金回笼的速度和可能性。

对于如何与银行打交道,其中最重要的一点就是要建立信用。银行是不会轻易地把钱借贷给你周转的,对此你要有清醒的认识。按照贷款保障程度,贷款可分为信用贷款、担保贷款和抵押贷款。信用贷款是指凭借款人的信誉,而无须提供任何抵押品的贷款。担保贷款是指银行凭借借款人与其担保人的双重信誉所发放的贷款。抵押贷款是指以借款人提供的有一定价值的商品物资、有价证券作抵押而发放的贷款。

贷款的流程是:

借款人到经办行咨询→借款人向银行提出贷款申请并提供相关资料→银行与通过审核的借款人签订合同,给予借款人额度→在额度有效期内,借款人持个人身份证件和与银行签订的"借款合同",填写"贷款支用单",银行审核通过后向借款人发放贷款→借款人将贷款划入合同约定的账户→借款人按照合同约定归还贷款本息→本息还清,合同完毕。

2．认清借贷的利弊

许多创业者认为：我的资金并不十分充裕，如果通过借钱来投资是否可取？怎样的投资项目适宜于借贷获利？事实上创业借贷是正常的，关键是如何利用借贷资金，怎样去认识借贷的利弊。

其实，选择是否借贷投资的关键，主要在于投资者对收益和风险的要求如何，以及投资者是否能应付借款利息。

如果你有战略性眼光和预见未来趋势的智慧，几年前就借贷投资房地产，你现在的资金至少是翻倍了。房地产的投资通常要通过借贷，即使一时有风险，也能通过长线持有而盼到曙光的再现。

至于借钱炒股，则不可取。因为炒股票的风险实在是太大了。炒股的学问很多，这里的知识绝非一朝一夕所能学成的，这里的酸甜苦乐也绝不是常人所能体会到的。因此，一贫如洗的无产者最好不要去炒股票，以免造成不必要的经济损失和不可想象的后果。

可见，借贷投资有利有弊，在不同的领域或不同的时期，这种利弊相差程度十分明显。因此，你在今后的创业生涯中对借贷投资的问题应三思而后行。

二、选择创业地址

创业者在筹集创业资金的同时，也要考虑创业地址问题。创业地址的选择与企业的类型有关。如开办第三产业，要考虑方便顾客，着重考虑客流量、进出口、供送货路径、停车场等情况。要用发展的眼光考虑分析以下问题：所需空间面积；是租赁还是购买；租赁或购买的成本；地理位置是否合适；有无扩容和发展的空间；该地区有何经济特点等。

职高生小何现为扬州市一家中型商场的老板。当初，小何在创办商场时人们都疑惑不解。

1995年，这个商场所在的街道很萧条，而小何的商场是所在地区的第一家。气势宏伟的商场，门庭冷落的局面，形成极大的反差。好心的人们都为他捏了一把冷汗。但小何却胸有成竹。他认为，商场所在地区发展速度迅猛，省、市领导经常来此视察，作为经济技术开发区的发展肯定会带动周围经济的发展。果然，两年后开发区的建设进入了新的一轮高潮，而小何的商场已处在中心地段，发展前景非常好。小何的创业成功，得益于他善于捕捉消息，用发展的眼光正确地选择了店址。

三、登记注册企业

登记注册是创业准备阶段的重要步骤和主要内容。只有注册登记，才有合法资格；只有注册登记，才能享受各种权利；只有注册登记，才能在合法的大道上不断发展壮大。

1．进行法人登记

创办一个企业，只有进行法人登记，才能得到国家法律、法规的保护，享受国家关于鼓励私营经济发展的各项优惠政策。在实际经济生活中，私营企业只有自觉遵守国家法律、法规和政策，在核准的范围内从事生产经营活动，公平竞争，才能得到迅速发展和壮大，生意才能越做越大。要想做大生意当大老板，就不能像街上卖烤白薯的一样，一会儿换一个地方。那样的话，你的合法权益将得不到保障。经过工商行政管理机关核准登记的私营企业，财产所有权、生产经营决策权、分配权、企业名称专用权、注册商标专用权等，均受到国家法律保护，任何部门、单位、个人都不能侵犯。而且，国家工商行政管理机关可以对你的生产经营活动进行必要的指导，提供可能的服务。所以，企业登记注册，是非常必要的。

（1）申请开办核准。

申请开办核准就是取得有关主管部门的批准。根据规定，成立新公司，必须按业务性质分别向经贸、金融、科技、建筑、旅游、民航等行业归口部门或体改委（办）和计经委提出申请，由各主管部门进行审核。从事一些专门经营的公司还必须取得有关部门的认可和批准。如从事食品生产和销售的公司，还必须得到当地卫生部门的认可。

申请公司开业时，应向这些部门提交开办公司的申请报告。申请报告应写明开办公司的宗旨、公司的名称、地址、组建负责人的姓名、公司的性质、生产经营范围、生产经营方式、公司资金总额、职工人数、筹建日期以及其他需要写进的内容。

（2）申请开业登记。

在申请开办获得批准后，即可申请开业登记。根据有关规定，应在主管部门或者审批机关批准后 30 日内，向登记主管机关提出申请；设有主管部门、审批机关的企业申请开业登记，由登记主管机关进行审查。登记主管机关（指国家和地方各级工商行政管理局）应当在受理申请后 30 日内，做出核准登记或不予核准登记的决定。

（3）领取营业执照。

这是登记审批程序的最后一个环节。工商行政管理机关在审查核实的基础上填写"企业法人营业执照"或"营业执照"，由主管领导签署意见并记录在案，同时出具企业核准登记通知书，通知被核准的公司。公司接通知后，法定代表人持支票到登记主管机关领取执照，并由公司法定代表人办理签字备案手续。公司自领取营业执照之日起即宣告成立，标志着公司取得了法人资格，同时也取得了公司名称专用权和生产经营权。公司的合法权益受国家法律保护，也确定了公司必须承担国家法律规定的义务和责任。

2. 进行税务登记

领到了"企业法人营业执照"或"营业执照"，并未说明创业的主要准备工作已经结束，还有一些必须履行的登记手续也与经营活动有关，不能忽视。税务登记就是其中的一项。

税务登记是纳税人履行纳税义务，到税务机关办理的必要的法律手续，是纳税人的一项基本法定义务，是纳税机关依据税法的有关规定，对纳税单位和个人的生产经营活动进行登记管理的一项基本制度。

（1）税务登记的基本程序。

税法规定，凡从事生产、经营，实行独立经济核算，并经工商行政管理机关批准，领取了营业执照的一切单位和个人，均须办理税务登记。税务登记的基本程序是：首先由纳税人申请办理税务登记；其次由税务机关对纳税人的申请登记报告、税务登记表、工商营业执照及有关证件审核后，即可准予登记，并发给纳税人"税务登记证"。

创业者在领到"税务登记证"之后，应悬挂在营业场所，亮证经营。

（2）纳税申报程序。

办理了税务登记后，企业还应该进行纳税申报。纳税申报是纳税人为了正确地履行纳税义务的一项法定手续。

① 纳税申报的基本程序。税法规定，纳税人必须在税收法律、行政法规规定的期限内，或者在当地主管税务机关依照税收法律、行政法规规定的期限内，到当地主管税务机关申报，按规定报送纳税登记表，财务会计报表，代扣代缴、代收代缴税款报告表等相关材料。

② 纳税申报的期限。纳税人和扣缴义务人办理纳税申报的期限要求由税收实体法律、

·行政法规的规定决定。不同的税种有不同的纳税申报期限要求。

四、选准开业时机

选择开业日期,一般要考虑有关人员是否有时间参加、天气是否晴朗等因素。如开店要考虑节假日、吉祥日开业,必要时可邀请锣鼓队,燃放烟花爆竹,举行简短仪式,以增添喜庆色彩。

第七章　创 业 模 式

模式即模子、式样,有了这个做起来就更容易些,所谓"依葫芦画瓢"是也。我们从三大角度给你提供了模子、式样,希望你能在创业过程当中省时省力,顺藤摸瓜。

第一节　创业途径模式

跨进创业的大门,你面对的世界是陌生的世界,创业的前景如何还是一个未知数,为了避免风险,少走弯路,你就必须选择适合自己的最佳创业途径。

创业途径是对创业道路的探索,它有一个卧薪尝胆、不断积累的过程。你应博采众长,不断挖掘潜力,修补自己,快速适应社会,最终开辟出一条通向"罗马"的平坦大道。

一、打工

打工,主要指临时性为企业或个人工作而获得报酬的劳动行为。从创业的角度讲,打工是个摸着石头过河,即学习、探索、积累的过程。

你不要小瞧打工的意义,它对初出茅庐的你十分重要。

第一,学习创业经验。创业需要各方面的经验,要求具有较强的综合能力。在创业之初,你可能会感到力不从心、举步维艰。而打工可以在较短的时间里,使你从创业成功者身上学到许多课堂上和书本里学不到的知识和经验,如组织管理、协调关系、开发产品、开拓市场、筹措资金、任用人员等,这对你今后创业大有裨益,可以帮助你实现超常规的发展。

第二,积累创业资金。一般说来,初次创业所遇到的首要问题就是缺乏资金。打工的收入就是日后创业资金的原始积累。数额也许不大,但却是一笔极其珍贵的财富,你必须珍惜。

第三,感受创业艰辛。你打工时往往处于逆境之中,干苦重活,受窝囊气,有时还会被人瞧不起。通过打工,你可以锻炼意志和承受力,切身感受下层人的苦衷,使你在日后处于领导岗位之时,懂得尊重员工、体谅下属,从而受到下属的爱戴。这是人生中不可多得的巨大财富。

第四,避免重蹈覆辙。每个成功的企业家都犯过错误,每个错误都给企业家带来损失。通过打工,你可以吸取别人失败的教训,使自己在创业时不会再犯同样的错误,少走许多弯路。

切记,你的打工与下岗失业人员养家糊口的打工是不同的,你打工是为了将来不再给别人打工,所以必须遵循以下原则。

第一,到成功企业打工。成功的企业里值得学习的东西多,也更能激发你创业的斗志,坚定你创业的信心。

第二,到小型企业打工。在小型企业里常常一人顶几个人用,可以得到全面锻炼的机会;在大型企业工作将会比较单纯,虽然能精通一门业务,但却无法学到创业需要的全面知识。

第三，到多个企业打工。假如你长期在一个企业工作，将会受到许多限制，不利于将来事业的发展，因此你可多跳几次槽，以博采众家之长。不过跳槽要注意处理好如下问题：不要破坏与原老板的关系，因为这关系也许会对日后创业有用；不要嫌工资低而跳槽，因为工资不是跳槽的目的；不要跳到不熟悉的行业里去；要选择不同经营风格和具有更高水平的企业"高就"。

第四，善当合格"打工仔"。你应干一行爱一行，因为连"打工仔"都当不好的人，注定也创不出辉煌的业绩。当好"打工仔"并不是一件轻而易举的事，应做到：保质保量按时完成任务；搞好同事之间的关系；善于提出合理化建议和意见；经常向领导和管理者请教问题并征求他们的意见；眼里有活，主动开展工作。

二、承包

承包是在企业所有制不变的情况下，实行所有权与经营权分离，以承包合同的形式确定企业所有者与承包人的责权利关系，在此基础上，承包人自主经营、自负盈亏的一种经营方式。这是我国社会个人创业的一条新途径。

假如你没有资金又想进行自主经营，不妨选择承包这种方式，去承包一个车间、一片果园、一个食堂、一个商店，或者一台机床、一个柜台进行经营，权作创业的实战演习。

承包将使你获益丰厚：

第一，可以使你在实践中得到锻炼，全面提高经营管理能力。一定时间里，你就是企业的主人，自主经营，除了所有权外，你掌握着企业的一切权力，同时也承担着各种责任，这对你来说是一个极好的锻炼机会，应该利用这个机会提高经营管理、协调关系、开拓市场、任用人才等方面的能力。

第二，使你在别人的企业里把错误犯完，在独立创业时少走弯路。承包人在经营中不可避免地要出现失误，这对于善于借鉴者同样是一种收获，因为当他自己创业时就不会再犯同类错误了。

第三，可以为你提前建立一定的行业关系。通过承包，你可以与多种行业和相关部门建立业务联系，为自己日后创业疏通渠道，铺垫道路。

第四，承包也是一个原始积累的过程。你在完成了承包任务后，剩下的利润可以由自己支配，这笔收入通常要比打工者收入高出许多，足够创业之用。

承包对你有利的一面是：自己可以不用投入资金，避免了个人风险；为自己找到了一个施展才能的平台，使自己能提前进入企业的领导岗位。不利的一面是：你需要有一定的成就表现取信于所有者，否则就无法获得经营权；肩负责任重大，要完成承包任务困难重重；承包取得的收益要被所有者分去大半，不能完全享有劳动成果。

那么你在承包时应注意哪些问题呢？

第一，所有方所提供的场所、设备、材料、人员必须能满足你基本的经营需要。

第二，你要有一定的产品销售渠道和基本的经营手段，要熟悉整个生产过程和各个经营环节，要对完成承包任务做到心中有数。

第三，你要与所有者签订双方责权利分明的承包合同，以免日后扯皮。

三、租赁

租赁是一种与承包既有联系又有区别的经营方式。相同的是两者都不改变所有制性质,不同的是租赁两权分离的程度要比承包更彻底些,并且租赁要实行租赁抵押制,要承担对所有者资产保值增值的风险责任。

假如你有少量资金但尚不足以实施创业计划,可通过租赁途径,比如租赁一个厂房、一个仓库、一个门面、一辆汽车,或几台设备、几个柜台,滚动发展,不断探索创业成功之路。

选择租赁不失为明智之举:

第一,借助外力发展自己。租赁的本质就是"借鸡下蛋""以小搏大",在尚无足够力量的情况下,借助别人的力量,使自己在创业的道路上走得更快一些。

第二,减弱创业风险。创业需要大量资金,风险是很大的,通过租赁方式,你可以减少投入,从而减弱创业风险。

第三,提前使你进入老板的行列。虽然租赁的设施、场所都是人家的,但你却承担着风险责任,拥有设施、场所的使用权,在一定范围内什么都是自己说了算,至少能算是一个临时老板。

你选择租赁,也就拥有了承包所不具备的许多优点。

第一,减少了固定资产的投入。租赁相当于分期付款,不需要一下子清账,解决了你资金不足的问题。

第二,减少了税负。购买的设备一旦成了固定资产,须照章纳税,而租金一般是打入成本费用的,免去了资产税,也就降低了你的企业所得税。

第三,免去了维修费用。一般设备出租者都要向你提供免费维修服务,而购置设备就需要自己掏钱维修。

第四,可减少设备更新方面的风险。你自己购置设备,几年就得更新,需要大笔费用,而租赁设备则不存在更新问题。

第五,你的收入全部归自己所有,不必担心与所有者分享。

当然,你也要面对租赁的缺点:你必须有一笔相当的资金投入以及财产抵押,所以有一定的风险责任;在经营过程中你可能会因为资金问题遭遇经营中断的局面;租赁相对银行贷款的利息要高,所以租赁经营成本较高,你必须有面对经营收入全部交了租金的状况的思想准备。

四、风险投资

风险投资是指专门对未上市的但具有巨大发展潜力的成长中的中小企业进行股权或债权的投资。因为这种投资前途未卜,充满风险,所以被称为风险投资。

这是一种双赢的创业思路。对创业者来说,已有了一个比较成熟的商业构想或一个前景看好的项目,但缺乏开发这一项目所需的资金,尤其是启动资金;对于投资者来说,拥有一笔可观的资金却找不到投资机会。于是,两者各取所需,实现结合,这就是风险投资。

风险投资最早出现在 20 世纪 70 年代的美国,90 年代中国也有了专门的风险基金组织。风险投资已发展成为中国新生企业尤其是高科技企业创业的一条崭新途径。一般说来,这一方式较适合具有高学历和专门知识的创业者采用。

风险投资会带给你两大有利之处:一是使你获得一笔足够的资金,你可以跳过漫长的原始积累阶段,直接进入经营状态,实现自主创业。因为一般情况下,风险投资者关心的是投资回报,没有管理企业的兴趣,他们在决定投资的时候极少介入其投资对象的运作。二是你不必投入资金,全部风险都由投资者承担,你可以毫无后顾之忧地放心创业,创业成功则分享成果,失败并不承担责任。

风险投资对你不利的方面是:投资者要对投资对象进行考察,你可能无法拿出一个能经得起考验的项目论证报告和良好的创业经营计划书,从而使投资者拒你于千里之外;创业利益要与投资方分享,大头一般总是落在投资方手里,你只能得小头。

但无论怎样讲,风险投资都是一个最富创造力的创业方式。你要采取这一方式,就要把握两点:一是要有一个成熟的商业构想,比方专利、技术诀窍、商业关系等,并且还要有切实可行的实施方案;二是寻找对你的项目感兴趣且有投资能力的风险投资机构或投资人,向他们证实你的项目正是其投资意向所在,并说服他们认可你的商业创意和计划经营书,同意投资。如果不能直接找到风险投资者,你最好找熟悉的银行家、会计师、律师和教授作为引见人。

第二节 创业组织模式

人具有社会性,每个人都生活在特定的社会组织中。如果说创业是人生事业光辉的日出,那么它就是在特定的组织中升起的。由于创业途径不同、性质不同,创业组织也就有了斑斓的色彩,表现为不同的模式。是大是小,是单是群,只要适合自己,"淡妆浓抹总相宜"。

一、独自创业

你极有可能以独自创业的方式拉开事业的序幕。

你得独自全额出资,独立自主地进行企业的创意、筹划和运作,对企业的具体事务和社会竞争负责任,并享有企业本身及其创造的全部成果。

你可能是个体工商户。你拥有生产资料所有权,有8人以下的雇工,自己还得参加劳动。你选择的实体可能是小修理店、小百货店、小餐馆或小旅馆——虽然这是创业最简单的形式,但它却有对市场反应迅速、及时拾遗补缺、加快流通、方便生活的作用。我国改革开放初期就是个体工商户的黄金时代,现在虽雄风不在,但仍不失为初始创业者和下岗失业人员的一条创业途径。

你可能是私营企业主。你拥有生产资料所有权,有8人以上的雇工;你不必参加一线劳动,可凭借雇佣劳动者这个劳动主体来追逐私人利润,雇员的剩余劳动就是你源源不断的利润来源。一开始,你可能侧重于商业、餐饮业、服务业和加工业,但在市场经济的发展和国家鼓励非公有制经济政策出台的背景下,你涉足的领域会越来越广,你会转向房地产业、旅游业、医疗卫生业、文化业,技术含量越来越高,规模越来越大。

你可能是自由职业者。你具有较高的智商、专门的知识和丰富的经验,从事着诸如广告设计、企业策划、教师、医生、艺术家、律师、翻译、写作、出版发行、电脑编程、技术服务等方面的工作。你工作的性质多为创造性劳动,既能挣钱,又不太累,还无风险,难怪人们都说从事自由职业是最好的创业途径。

独自创业的你会拥有以下优势:① 利益驱动性强。你要担负起企业的全部责任,随时准备承受因经营失败、企业倒闭带来的全部损失,同时也能获得经营受益。② 决策自主。你不会面对管理权分摊的局面,不需要征得别人认可,这样,可以及时快速地抓住稍纵即逝的发展机遇,获得快速高效的工作效率。③ 营运成本低。避免支出占有较大比例的高收入工作人员的薪资,避免支出多个老板的排场花销。这样,你可以用较低的成本度过艰难的创业期。④ 较大的灵活性。你可以随时根据自己的独立判断和现实需要,机动灵活地采取各种行动,调适企业的行为而不受旁人干扰;加之企业小,也容易随时调整,以保持与社会同步发展。

你的局限性主要是:① 经营规模小,经营方式单一。由于个人的投资相对薄弱,你面临的资金压力很大,在发展到一定程度时,就难以突破发展的上限,而规模的相对窄小,也难以取得规模效益。同时,为了将有限的资金投放到较好效益的产品上,你不得不压缩其他经营品种,造成经营的局限性,从而给企业的持续发展埋下祸根。② 决策随意性。整个创业过程的决策都是由你一个人的意志决定的,这样,企业的兴衰荣辱都系于你一身,而你一个人的思维、能力与才干毕竟有限,这就可能使企业经营潜伏着种种危机。③ 处在孤军作战的境地。独自创业非常辛苦,几乎所有的事情都由你一手操持,你成了超级兼职者,身心都面临巨大考验,并可能因此耽误事业的顺利发展。

二、家族创业

家族创业是依赖血缘、亲情关系将创业成员团结起来,共同创建并经营运作企业活动的创业模式。这是一个古老而又常新的创业模式。古往今来,"夫妻店"、"父子工厂"、"兄弟公司"等层出不穷。我们这个有着"礼仪之邦"伦理传统的东方古国,最容易产生家族经营的企业。

你可以选择以下形式:

(1)夫妻创业。夫妻恩爱有加,彼此心心相印,同心同德,能在企业创意、经营运行过程中,做到快速及时、灵活机动。同时,夫妻地位平等,对企业财产有共同的所有权和处理权,有互相扶持的义务和相互继承遗产的权利,不存在财产问题的争执,而夫妻间的年龄结构与性别差异,可以使其在决策与经营中取长补短,消除片面性与情绪化造成的失误。

(2)父子创业。这是家族创业中最典型意义的创业形式。父子之间亲密的感情,以及"留下家业给儿孙"的期盼,促成父子间,进而是祖孙间"愚公移山"式的艰苦创业。这一模式在利益关系上没有大的矛盾冲突,因为子对父的财产继承关系,注定了"前人栽树,后人乘凉"。但在具体的创业思路、经营理念上,则可能因两代人的经验阅历不同和观念差异而产生分歧。另外,如果儿子超过两个,营运难度就可能加大,因为一个儿子便代表了一个利益体。如果儿子不争气,闹纠纷,这种模式也会存在很大风险。

(3)兄弟创业。兄弟创业具有合作创业的某些特征。兄弟间血浓于水的亲情,使得创业中能做到责任共担;在权力划分后又会根据实际需要适时做出位置转换;而在利益分割过程中,又会做到互谅互让;在经营运作中,既服从科学原则,又彼此监督,相互扶助。当然,如果感情破裂,兄弟反目,会在创业过程中争权夺利,相互拆台。总体说来,这是一种相对较差的家族经营方式。

对家族创业的利弊你应该有充分的认识。

家族创业的优越性:

第一,以情感的力量团结人,鼓舞人。血缘亲情,千百年来一直是人们工作、奋斗的情感依托。家族亲情所形成的凝聚力和亲和力,往往是说理教育或利益诱惑所无法比拟的。家就是企业,企业就是家,它可以直接达到管理的最高境界:全员爱厂如家。

第二,不需雇佣大量固定员工。初创企业业务弹性大,忙起来24小时连轴转,闲下来几个月不开张,因此一般企业很难维持较大数量的固定员工,而家族创业就没有这个顾虑。

第三，员工队伍稳定。创业期往往因陋就简，工作条件相对较差，同时，也很难给员工较高的待遇，一般企业员工队伍很难稳定，而家族创业就不会担心员工"在困难时期"跳槽而去。

家族创业的局限性：

第一，创业风险与家庭命运紧密联系在一起。由于将家庭所有的资源与人力都投入到事业中，事业的成败直接决定了家庭的命运，创业者面临着双重压力。

第二，家族成员之间缺乏明确的责任、权利与义务的明文约定，各行其是，往往造成企业经营的低效率和高风险。

第三，伦理关系与企业关系在家族成员身上不断转换，使经营过程中的企业成员角色常常被家庭成员角色替代，品质不好的家庭成员滥用权利，以老板自居，大手大脚，甚至大量挪用资金，这种"家丑"无法从根本上抑制。

家族创业具有非常旺盛的生命力，但并非所有的创业者都适合家族创业的经营模式。假如你信奉"上阵父子兵，打仗亲兄弟"，你最好处于以下几种情况之中。

① 你创办的是小企业。小企业用工少，对管理水平要求不高，近乎家庭作坊，业务推动更多地依靠特殊的信任关系与责任心，而不是管理经验。② 你的家族在农村。农村人的家庭伦理观念最强，血缘关系在各种社会关系中占有明显的优势，有着非常丰富的家庭资源。加之封闭的农业环境，他们存有一些排外思想。所以，农村环境中采取家庭创业是一种比较合理、可行的经营模式。③ 你到异地创业。为了创业，你不得不离乡背井，孤旅天涯。你不但要面对艰苦创业的险恶环境，还要饱受思念家乡的煎熬。采用家族创业模式，与亲人在一起，特别是与妻子或丈夫在一起，既免除了他乡异客的孤单之感，又可坚定在他乡安家落户的决心。

三、合伙创业

可能，你是朋友众多、善于合作之人，那么请选择合伙创业模式吧。

这是两个以上的创业者通过订立协议，共同出资，合伙经营，共享收益，共担风险，并对合伙企业债务承担无限连带责任的创业模式，其创建的组织形式被称作合伙企业。

合伙创业是一种高起点、高规格、高层次的创业模式，也是应独自创业再发展、再提高的客观要求而产生的，已成为现代创业的一个普遍现象。

如果你选择普通合伙，可以像其他合伙人一样依约向合伙企业投入同等或不等份额的资本作为股份，按投资的比例和对合伙企业的贡献大小分享经营利益。除协议另有规定外，你和每个普通合伙人都有权参与企业的经营管理活动。对企业的亏损和债务，其不足部分，你与各合伙人按比例用其在企业出资以外的财产承担清偿责任。你的财产不足清偿个人所负债务，只能从合伙企业中分取的收益中支付。

如果你选择有限合伙，就要决定自己是有限合伙人还是普通合伙人，因为有限合伙是由若干名有限合伙人和若干名普通合伙人共同组成。法律对两种合伙人的出资要求不同：普通合伙人认缴出资时，不需要把其财产直接交给合伙企业支配，而有限合伙人必须以现金或实物缴给企业作为其入伙的资金。两种合伙人的法律地位不同：普通合伙人负责合伙企业的经营管理并可以代表合伙企业经营业务，而有限合伙人既不参与合伙企业的业务管理，也不对合伙企业的债权人承担个人责任。两种合伙人的收益分配方式不同：普通合伙人的收益是根据企业的盈余状况确定的，因而是不固定的，而有限合伙人的收益则可在章程中事先确定,在企业盈余的前提下,其收益率才是相对固定的。两种合伙人的责任范围也不同:有限合伙人对企业的债务负有限责任,即仅以其出资的数额为限而不需用出资以外的财产清偿责任,而普通合伙人则需要。

此外你还可选择个人合伙和法人合伙。个人合伙企业由两个以上的自然人共同投资兴办并联合经营。《中华人民共和国私营企业暂行条例》规定的合伙企业就属于个人合伙企业。它也可采取普通合伙与有限合伙这两种具体形式。法人合伙是指两个以上的企业法人、事业法人共同出资兴办并联合经营的合伙企业。这种合伙企业是适应横向经济联合的客观要求而出现的企业形式。这种合作创业形式,因其行为主体的集团化,具有集团创业的性质。

合伙创业的优越性为:资金较为充足,经营规模较大,容易产生效益;可以充分发挥集体智慧,取长补短,便于事业发展;多元利益主体会自然形成企业内部监督机制,使企业处于一种理性化、科学化的经营管理状态,在较高起点上顺利展开经营活动,更容易承担市场压力和风险。

合伙创业的局限性为:共同创业使每一个创业者的个人成就感差了许多;利润要在几个合伙人中分配,降低了创业经济利益对创业者的吸引力;每个合伙人的能力有高有低,对企业的贡献也会有大有小,容易出现参差不齐现象,造成在企业管理、业务开展、利润分配方面的矛盾;合伙人随时有中途退出的可能,这对事业是一种巨大的风险。

选择合伙创业,你还应具备如下特殊品质:协作意识、信义品格、宽容精神。

四、集团创业

集团创业是创业者集体以一定章程和组织形式组织起来的以法人形式从事企业经营的创业模式。它依靠团队的力量聚集社会的资金、技术,按照科学严密的组织系统和管理制度开展经营,凭借企业的规模获取效益。它代表了当今时代创业的发展方向,在社会主义市场经济中具有非常广阔的发展前景。

还是先让你了解一下集团创业的表现形式。

(1) 公司企业。公司是企业的最完备的组织形态,也是集团创业的最佳结合方式。它是依法设立的、以营利为目的的社团法人,有两个基本形式,即有限责任公司和股份有限公司。有限责任公司由 2 个以上 50 个以下股东共同出资,股东以其出资额对公司债务承担有限责任;公司不得发行股票,公司的股本一般不得随意转让;股东可以作为公司的雇员参与公司的管理;公司的注册资本不得少于最低限额:以生产经营和商品批发为主的公司应有人民币 50 万元,以商品零售为主的公司应有人民币 30 万元,科技开发、咨询、服务性公司应有人民币 10 万元。股份有限公司是最为典型的法人企业形式。它是由 5 个以上发起人通过社会募集股本而设立的企业法人,股东以自己认购的股份对公司债务承担有限责任。股份有限公司的特点是:公司可以通过法定程序向社会发行股票,股份可以自由转让;股东个人的财产与公司的财产相互分离,出资人和管理人相互分离;公司注册资本最低限额为人民币1 000 万元。在现代社会,股份公司已成为大中型企业普遍采用的组织形式。

(2) 集体企业。集体企业是指企业资产属于全体劳动者集体所有的企业。这是社会主义公有制的一种重要组成形式,多为乡镇中小企业,广泛出现在轻工业、手工建筑业、运输业、商业、服务业等领域。它具有投资少,见效快,容易兴办,经营灵活,适应性强等特点。对于繁荣城乡经济,扩大就业,满足人民生活需要具有重要作用。企业中每一个成员,既是出资者,也是劳动者,体现了劳动合作与资本合作的有机结合。

(3)国有企业。国有企业是指企业资产完全为国家所有或由国家控股经营的企业。它是社会主义社会中企业的重要组织形态。国有企业的投资主体是国家或主要是国家,但由于企业拥有经营自主权,成为市场经济的主体,面对激烈的市场竞争,也存在自主创业问题。国有企业的创业主要通过企业改造、兼并和资产重组、横向联合等形式实现。

(4)联合企业。也称联营企业,它是横向经济联合过程中,由若干企业法人所组建的半紧密型企业集团。它具有成员企业在生产经营协作上紧密而在行政隶属关系上松散的特征,比较符合我国企业生产水平参差不齐的实际情况。众多的跨地区、跨部门、跨所有制的企业在不改变其所有制、隶属关系、财政渠道的条件下,组成以法人合伙为其法律组织形式的半紧密型企业集团,成为集团创业的一道亮丽风景线。

集团创业有如下几个特点:创业主体团队化、投资主体多元化、经营管理科学化、组织形式现代化。

但愿你催动航母战斗群,发挥出集团创业的无比威力:集合社会的财力、物力和人力,使企业规模得到空前的发展,赢得最大限度的规模效应;高起点经营,抗击较大的市场压力与风险;投资多元化,避免艰苦的原始积累阶段,直接进入经营;发挥集体优势,没有孤军作战之感。

不过,你也要面对这个航母战斗群的局限性:创业历史短,多数企业尚在探索、试验当中,没有成熟经验;容易造成依赖思想,创业者个人的作用难以充分发挥;经济运行中容易发生矛盾,在取得较大成功时,常会出现利益冲突;企业经营费用开支较大,有时会抵消规模效益。

第三节　创业实体模式

创业必须创建实体。而实体种类繁多,大小不等,制造业、加工业、服务业,作坊、商店、公司、工厂,不一而足。从实用和创新的角度,我们来向你介绍一些实体创建方面的知识。

一、汽车用品店

过去几乎所有汽车用品的经销都是由汽车销售商店和修理厂等兼营的,随着汽车工业的快速发展,该行业有了很好的前景。并且由于兼营者众多,附加服务条件的商品繁杂起来。

汽车用品可大致划分为:车内用品、驾驶用品、洗车用品、化学用品、安全用品、消耗性零件、音响、空调,此外,还有轮胎、蓄电池等。你的店铺以哪些商品为主,将决定商店的不同特色和顾客的种类。

由于附加条件的商品种类很多,因此你和雇佣人员都需具备广泛的相关知识和技能。如帮助客户安装一些零件,并且提供汽车结构及驾驶的相关知识。那些附加服务条件的商品有一定的季节性和流行性,这些常识也是你们应该具备的。

汽车用品店商品的最佳选择对象应是车内用品和驾驶用品。当然,商店位置不同,其商品构成也有一定的区别,不能一概而论。

商品按其实用与否又可分为实用型和装饰型。汽车数量增加了,实用品销路也随之扩大;而装饰品则主要取决于汽车行业的景气与否。所以你所购进的商品都应搭配这两种性质的货物,最好还是以实用型商品为主,装饰型商品为辅;而且要注意装饰型商品的销路是随着时尚的变化而波动的。

店铺规模不要过大,但最低限度要有 16 平方米的空间。除了商品,其他的设备诸如橱窗、陈列柜等都属必需品。

依据主要顾客对象的不同,此类店铺的经营重点和商品的构成也应不同。若主要的销售对象是自用车,则应该把推销商品的重点放在驾驶用品上,如向他们销售驾驶用的地图、野餐用具及拖车绳索之类的东西。

同样是私人用车,使用目的不同,驾驶员的性别不同,则销售商品的种类也就会因人而异。所以除了以主要顾客为服务中心之外,还要备用一些驾驶员常用的东西,如刷子、车用影像系统等。当然还可以发挥你丰富的想象力,去创造机会赚大钱。

若想以长途车为服务对象,则店铺最好开设在高速公路附近。设在市区内的店铺,在较为清净的场所,反而会更吸引顾客。因交通量大的地方多拥挤,只需多花几分钟即可到达的安静处所,往往是顾客在车流中煎熬之后理想的购物场所。

开店要开出自己的特色来,才有利于经营。此外,出售自己店铺独有的商品,也是在竞争中获胜的有力武器。

店铺要具有柔和舒畅的感觉,而且灯光要好,给顾客的印象应是此店气氛和谐。

像推销别的商品一样,不要只局限在店内销售商品,还要考虑到店外推销。先向外界推销几种具有本店特色的商品,当具有一定的声誉后,顾客自然不请自到。

为了吸引更多的顾客,你应准备一些"赠送"品作为对顾客的酬谢。当然这些赠送品只能是汽车用品,而且事先要订出一个赠送与销售相当的比率来,即有多少消耗性的赠送品,有多大的销售量,是以一定的比率搭配进行的。买一送一活动已被众多店家采用,此法能促进销售,增加赢利。

二、编织小作坊

尽管现在商场里的毛衣五彩缤纷,美不胜收,可是开编织作坊还大有可为。

首先,编织作坊可满足现代人的个性化需要。而今的人们,最不愿意看到的就是和别人穿得一样,希望以自己服装的唯一性来体现自己的审美、情趣、修养和风格。商场里的毛衣,无论多么千姿百态,均为批量生产,难以避免雷同的缺陷。编织作坊,最大的特点是唯一性,这是大生产不可比拟的。

其次,经济实惠是作坊编织的另一个特点。一些轻柔、保暖的纯毛制品,对保存、洗涤、熨烫都有较高的要求,大部分人没有时间和金钱花在这些上面。购买高档毛线编织毛衣,既保暖、轻柔,又可免去上述诸多的不便。

最后,一些特殊体型者,需要编织作坊提供特殊服务。

开一家编织作坊,选用何种编织机,是关键的一步。市场上,根据性能和用途的不同,价格一般在 1 000 至 10 000 元之间。

低档编织机的价格大多在 1 000 元至 2 000 元之间,但价廉物不甚美,存在着功能单一、线型上不兼容、劳动强度大、劳动效率低、花型花样少、回修率高的缺点,对于专业从事编织工作的人不太合适。高档编织机大多在 7 000 至 10 000 元之间,花型多达 600 种以上,电脑编织功能齐全,劳动效率较高,劳动强度低,但存在投资风险较大,收回投资周期较长的问题。

性能价格比较好的是中档编织机,价格在 4 000 至 5 000 元之间,具有 40 针花卡,本身带换线器,编织提花图案反面无虚线,能编织一般所需要的平针、提花、空花、浮雕等针法,线型的适用范围比较大,从 100 号线到开司米两股、亚麻线、丝线全可编织,基本能满足一般专业编织的需要。

条件允许,可再配置一台千元左右的缝合机,可大大降低劳动强度,提高生产效率。

在经营上有多种方式,进行来料加工是最简单也是最主要的方式,那么如何收活呢?

(1) 在集贸市场上委托他人代收。

(2) 与临街的小裁缝店合作,委托其代为收活并付给一定报酬,优点是内行的裁缝还可代为量尺寸。

(3) 在一些大的居民区内张贴广告。注意广告不能乱贴,应贴在允许张贴的地方,如墙报栏、广告栏内。具体情况不同,还有许多其他的方式方法。

除简单加工外,你还可以自己设计花型图案进行创意,然后到商店里进行推销。如果条件成熟,可尝试与一些经销商合作,提高档次,获得更多的利润。

三、风味泡菜厂

你一定喜欢吃泡菜吧? 泡菜制品风味独特,营养丰富。随着人们生活水平的提高、生活节奏的加快和旅游市场的蓬勃发展,各种风味的泡菜食品走进宾馆、餐厅、家庭,深受消费者的欢迎。但各地的生产厂家大都处于手工作坊式小批量生产阶段,在蔬菜加工工艺、保存期、产品质量、风味和包装等方面,均有待提高。

蔬菜的深加工前景光明。以四川为例,近几年泡菜生产势头迅猛,出现了年产万吨以上的大型泡菜厂。不少企业也看准生产泡菜利润丰厚,纷纷投资办厂。例如,成都著名的新蓉新泡菜厂在短短的几年内,就由一个小作坊发展成了全国较大的泡菜生产厂家。

所以,目前发展泡菜生产无疑是一条投入少、见效快、风险小的致富之路,特别是一些蔬菜产地,更适于就地收购、加工,具有广阔的市场前景。如果能在口感、风味、卫生以及包装上多下工夫,产品还可出口海外。同时也可效仿韩国泡菜,创出品牌后扩大出口量。

我国的食品专家曾应四川泡菜生产厂家的要求,对泡菜生产工艺进行了仔细研究和改进。他们以传统工艺为基础,结合现代微生物发酵技术,采用先进的机械设备代替了土法生产,从而使得泡菜生产工艺更先进、更科学和更规范,更符合各项卫生要求,同时,也利于生产管理。在口味上,可生产四川、广东、东北三种不同风味的泡菜;在包装方式上,采用真空包装和瓶装两种方式,具有卫生方便等特点。所以,在全国各个地区都有泡菜销售市场,对此进行投资大有可为。

投资建泡菜厂,根据其实际产量,大型加工厂的投资约需上千万元,小型加工厂可投资 2 万~3 万元。你可先少量投入,待扩大销路后再适当扩大规模。下面以一个年产 50 吨泡菜的生产厂为例进行投资分析。

设备:脱水机、杀菌池、盐渍池、拌料机等,约 15 000 元;有锅炉更好。

流动资金:5 000~10 000 元。

厂房及库房:100 平方米;水电设施齐全。

按一般行情,蔬菜平均收购价为 100 元/吨,以其利用率 80% 计,原材料成本应为 500 元/吨;塑料包装袋为 300 元/吨;人工、税收、设备折旧、资金利息、能耗等大约为 2 500 元。因此,生产袋装泡菜的成本大约为 3 300/吨(瓶装成本为 6 500 元/吨)。目前,袋装泡菜的出厂价为 6 000 元/吨(瓶装为 15 000 元/吨)。由此可知,两种产品分别可获得利润 2 700 元/吨和 8 500 元/吨。以年产 50 吨计,可获利 13 万～43 万元。

四、养生健身房

"健康便是财富"虽是老生常谈,但确是众人信奉的真理。对商场中人来说,健康与财富的关系异常密切,而这个关系又包含以下数个不同的意义。

健康非常重要:其可贵之处,与金银财宝等价,健康是财富的价值指标。

健康是手段,财富是目的:广东俗语有云"见到钱也拾不到手",意思是如健康欠佳,精神不振,体力不足的话,即使赚钱的机会来到面前,也无力抓紧。换言之,只有身体健康,方能取得财富。

健康上面生意多:提供各种保健、医疗、强身药物、食物、器械等服务大有赚头。特别是对城市之中的商业人士来说,保健不但有益身心,而且是身份和潮流的象征。单看健身中心及桑拿浴室的生意兴旺,足以证明这个保健潮流。

另外一类的保健生意便是各类保健药物、食物和运动。

从前大多数的人只重视进补,充其量加上驻颜、壮阳和保气的附加目的。现今的保健观念已比从前完整得多,但基本上不外乎运用天然的元素来调和身心。所谓天然的元素,包括进食有益的食物以及从天然动植物之中提炼出元素合成的药物。各类运动程序、健身操等皆入此列。调和之意基本上来自中国的传统保健原则,也即所谓"阴阳五行"的调和。总而言之,但求身心内外畅快,精神活泼饱满,便是调和之道。在这种机遇面前,你应该设立一家健身房,投其所好,此乃一大商机也!

五、秸秆饲料场

世界粮食、饲料日趋紧缺的现象,已引起联合国粮农组织的高度重视。据国家统计部门的有关资料显示,饲养业精饲料年需求量为 18.92 亿吨,而实际供应量为 14.9 亿吨,缺口约 4 亿多吨。其中蛋白饲料更是严重不足。我国每年约需 1 000 万吨蛋白饲料,而目前生产量不到 10 万吨,供需矛盾十分突出。因此,除大力开发利用各种饲料资源外,最根本的问题是降低饲料成本,开发新的饲料原料资源。我国每年粮食的产量有 1/5 以上用做饲料,共计 800 亿千克,如果推行秸秆高效生物全价饲料,最低以代替精粮 30%～50%计算,即可增加饲料 24 亿～32 亿千克;而每年农作物秸秆约 5 亿吨可利用,但现在有 95%被浪费。因此,用新的资源缓解我国饲料紧缺的局面,具有广阔的市场前景。

秸秆高效生物全价蛋白颗粒饲料,是以四季长生的农作物的叶、杆、根、藤、茎、壳,工业下脚料及无毒野草等秸秆为原料,采用化学、生物工程组合的方法,将秸秆纤维分解并通过生化反应产生大量的真蛋白和多种氨基酸营养物质,再加入微量的添加剂及辅助料粮,经熟化制粒而成,是饲养猪、鸡、鸭、鱼、奶牛、羊等多种禽畜及水产动物低成本的全价高效生物饲料。因而开办一家秸秆饲料场不仅有前景,而且投资少,收效大。

第八章 创业管理

准备好了创业所需的一切硬件设施后,我们就必须要为之准备精良的软件设施了。一个好的企业必须具备良好的团队管理、生产管理、营销管理和财务管理,少了其中任何一项,企业就会像断了链条的车轮,无法迈出前进的步伐,更别说会获得成功了。

一、团队管理

一个创业实体在具备了天时、地利条件之后,人和因素就一定不可忽略。"无以规矩,不成方圆",创业者的团队也是一样,每个团队都需要一种体制,放任自流最终只能导致"一盘散沙"。那么,如何构建管理体系,才能让一个团队拥有顽强的生命力呢?

（一）建立相互信任的合作关系

一个团队想要达到"1＋1＞2"的效果,首先要发挥团队的协同作用。第一,在团队中要给予员工行动的自由,鼓励员工创造性地解决问题。第二,在团队中建立良好的沟通渠道,"众人划桨开大船",鼓励员工解决问题时要相互之间充分沟通,激发思维的碰撞,营造公平、协作、互助的良好的沟通环境。

（二）建立合理的评价体系

创业者要根据各个岗位的性质,明确各项工作的内容,制定绩效评价体系和激励机制,确保团队能够卓有成效地工作。在制定评价体系时,要明确评估的目的是为了让成员了解公司的工作进展情况,了解自己要做的工作,鼓励成员提高工作能力,促进成员之间相互交流,纠正某些行动上的偏差,培养成员的主人翁感。

（三）提高团队素养

要时刻教导员工与企业同甘共苦。在胜利时,应感到自豪;失败时,应不为困难所吓倒,面临危险寸步不让,即使在极其恶劣的环境中,都要保持正常的秩序。

（四）实行人性化管理

所谓实行人性化管理就是指,要尊重员工的人格,在他们的生活遇到困难时,尽可能地帮助他们,这对提升领导人的个人魅力和员工的忠诚度都非常有益。

二、生产管理

随着全球经济一体化和信息技术的快速发展,特别是 2001 年中国加入 WTO 以后,企业的生产管理一直是企业管理工作的重点和难点,发达国家经过 40 多年的努力,已经在生产管理的理论和实践中取得了卓越的成就。我国要迎接国际企业所带来的竞争和合作,生产管理就变成了严重制约我国企业发展的一个滞后的环节,更是企业迫切需要解决的关键问题。

中国电器集团始建于 1951 年,近年来,电器行业竞争日趋激烈,消费者对产品选择的范围越来越大,追求更多的式样和更高的品质。中国电器集团围绕市场竞争与技术改革,建立科学的生产管理模式,逐步建立"肩挑技术与市场,生产管理更加强"的"哑铃型"动态生产管理模式。事事按程序,人人讲标准,工作环节接口清晰,企业的生产管理井井有条,成为全国电器行业的大型企业。

企业的生产过程就是制造产品或提供劳务的过程,它是企业管理的基础环节,决定着企业生产周期的长短、流动资金占用的多少和成本的大小,关乎企业能否按时、按质、按量地提供产品或劳务。所以,做好生产管理工作非常重要。这里主要向青年朋友介绍生产过程组织、生产过程组织形式、生产计划与生产能力等方面的内容。

（一）生产过程组织

1. 生产过程的组成

（1）生产过程的含义。

简单地说,生产过程就是人们对输入的资源进行加工,进而转换为社会所需要的资源（产品或劳务）的过程。广义的生产过程是指从准备到开始生产某种产品到成品生产完毕为止的全过程。狭义的生产过程仅指从原材料投入起到产品制造完毕为止的过程。

（2）生产过程的构成。

生产过程一般可划分为四个主要部分。

一是生产技术准备过程。也就是产品在投产前的各种技术准备工作。如产品设计、工艺设计、原材料与劳动定额的制定、工艺装备的设计与制造、标准化工作等。

二是基本生产过程。其实质就是为完成企业产品生产所进行的活动。它是生产过程的核心内容,通过基本生产过程形成产品,同时也形成产品的功能、质量和成本。如钢铁企业的炼钢、汽车企业的冲压等。

三是辅助生产过程。一般是指为保证基本生产过程正常进行所必需的辅助性活动。如供电、供气、设备维修等活动。

四是生产服务过程。指为生产提供各种服务性的活动。如物资供应、运输服务、仓库管理等。

（3）生产阶段和工序。

基本生产过程按照工艺加工性质和生产组织的要求,可分为若干个相互联系的生产阶段。这些生产阶段也称工艺阶段。如机械制造企业的基本生产过程可分为毛坯制造、机械加工和装配等生产阶段。

生产阶段还可以进一步细分为作业活动,称为工序。工序按作用不同,可划分为工艺工序、检验工序和运输工序。工序的划分对于组织生产过程、制定劳动定额、配备工人、检验质量和编制生产作业计划等都具有直接的影响。

（4）组织生产过程的要求。

合理组织生产过程的目的在于使产品生产过程的行程最短、时间最省、耗费最少、效益最高。

2. 生产类型

创业者在创业初期和发展过程中,需要根据自身不同的生产类型采取相应的管理方式。

按接受生产任务的方式划分,生产类型可分为两种:订货生产方式,即在接到用户订货后,按用户要求的规格、数量和交货日期组织生产,一般为多品种、小批量、无产品库存;存货生产方式,即根据市场需求预测、制订生产计划,适用于产品市场比较稳定、需求量比较大的情况。

按生产任务的重复程度和工作的专业化程度划分,生产类型可分为三种:大量生产,即品种少、数量大、生产条件稳定、固定地完成一两道工序,可采用高效专用设备,组织流水线生产;成批生产,即品种较多、生产条件相对比较稳定,一批产品生产加工完后,要进行设备和工装调盘,工作专业程度和连续性都比大盘生产低;单件生产,即品种很多,每种产品生产一件或几件后不再生产或虽有重复但不定期,生产条件不稳定,工作的专业化程度很低。

按生产方式划分,生产类型可分为四种:合成型,如机电制造;分解型,即把单一的生产原料经过加工后分解成多种产品;调剂型,即通过改变加工对象的形状或性能来制成产品;提取型,即从自然界直接提取产品。其中合成型企业的数量最大,管理也较复杂,是生产管理主要研究的对象。

（二）生产过程的组织形式

产品的生产过程在一定的空间内,是由许多相互联系的车间、工段、班组等生产单位来实现的,所以企业应根据生产需要建立相应的生产单位,如车间、工段、工区和其他设施,在空间上对其进行合理布置。同时,产品的生产过程在时间上也需相互协调,以保持生产过程的连续性,缩短产品的生产周期。因此,需要合理组织生产过程。

（三）生产计划与生产能力

1. 生产计划

生产计划是企业在计划期内应完成的产品生产任务和进度的计划。编制生产计划的主要指标有品种、产量、质量、产值和出产期限等。品种是指企业在计划期内应当出产的产品品名和品种数;产量是企业在计划期内应当出产的合格产品的数量;质量是指企业在计划期内应当达到的质量标准和水平;产值是产量指标的货币表现;出产期限是指出产合格产品的时间限期。确定计划指标,要搞好市场调查研究,根据市场需求并结合企业内部生产条件来完成。

2. 生产能力

生产能力是指在一定时期内(通常指一年),企业直接参与生产过程的固定资产,在一定的技术组织条件下,可能生产的一定种类和一定质量产品的最大数量,或者能够加工处理一定原材料的最大能力。

企业的生产能力包括设计能力、查定能力和计划能力三种。设计能力是指企业设计任务书和技术文件中所规定的生产能力,它规定着企业的生产规模,是企业制订长远计划的依据,通常在企业建成后经过一段时间才能达到;查定能力是指企业的产品方向和组织技术条件发生重大变化时,原设计能力已不能反映实际情况,重新调查核定的生产能力;计划能力又称现行能力,是企业在计划年度内实际能够达到的生产能力,是企业编制年度生产计划的依据。

三、营销管理

对于一个讲究服饰的人来说,一双款式美观的好鞋是不可缺少的。鞋好价自高,如何才能花最少的钱买最好的鞋呢? 2000 年仅 25 岁的打工仔王伟因为买了一双断码鞋而受到启发,专门做起买卖断码鞋的生意。仅用 3 年时间,他就从一个打工仔变成了一个拥有 500 万元的富翁。赚钱从某种意义上说就是要会营销。大多数情况下,导致一个新创企业成功或失败的原因之一不是技术而是营销。

营销是企业通过市场交换,回笼生产垫付资金,实现利润的关键环节。企业在经营过程中,根据自身条件和外部环境的不断变化,随时调整并制订最佳的营销方案,以便达到企业的预期目标。这里首先向青年朋友介绍营销策略,然后阐述营销渠道,最后讲述促销手段。

（一）营销策略

1. 营销组合

市场营销组合是指企业针对目标市场综合运用各种可能的市场营销策略和手段,组合成一个系统的整体策略,以达到企业经营目标,并取得最佳的经济效益。一个企业运用系统的方法进行营销管理,管理人员必须针对不同的内外部环境,把各种市场手段,包括产品设计、定价、分销路线、人员推销、广告和其他促进销售的手段,进行最佳组合,使它们互相配合起来,综合地发挥作用。

2. 组合策略

产品、价格、销售渠道、促销四种可控因子有效组合,构成了企业的市场营销组合策略。

(1) 产品策略,是指企业向市场提供的与产品有关的策略与决策。一个企业为市场提供什么产品,不能从企业本身的角度出发,而应站在消费者的立场,了解在消费者的心目中,本企业应该生产什么产品,又如何满足目标市场所需要的商品和服务。产品与服务是营销组合中至关重要的因素,它包括产品的种类、规格、质量、包装、式样、商标及售后维修、安装、指导、担保、承诺等连带服务措施。

一个规模较大的酒店,针对8种类型的需求,提供了相应的8条产品线,分别是素凉菜30个品种,荤凉菜10个品种,荤热菜40个品种,素热菜10个品种,海鲜30个品种,主食类8个品种,酒类6个品种,饮料类5个品种。可以看出选择素食类和海鲜类消费的顾客的满足程度好一些;荤热菜的选择余地最大、满足程度最好;饮料和酒类消费者的满足程度最差。

一个面包房、面馆、粥屋采用的是单一产品线策略,针对一种需求类型,尽可能满足这方面的需要。

一个专业性商场,例如家电商场,会采用有限产品线策略,针对目标市场,尽可能满足几方面的需求,要求这些产品有一定的关联度。电视、空调、冰箱、洗衣机这一组产品有很好的关联程度,照相机、摄像机、录像机有密切的关联,而这两组产品之间的关联度就差一些。

一个超级商场一般采用无限产品线策略,针对目标市场尽可能满足所有需求。

(2) 价格策略,是指企业如何估量消费者的需求与产品生产成本,以便选定一种吸引消费者、实现市场营销组合的价格。价格的确定必须考虑企业目标市场的竞争情况以及消费者对此价格的可能反应。同时,产品的价格确定也要满足企业的赢利要求。价格的市场反映是消费者关于产品质量与品牌定位的重要信息,价格如果得不到消费者的认可,营销组合的其他努力就会失败。价格策略主要考虑的是与定价有关的内容,它包括价格水平、折扣价格、折让、支付期限、信用条件等。

在定价过程中,可采用"成本加成定价法",即产品成本基础上加一个标准加成,加成率由产品自身原因、行业因素、企业知名度决定;"理解价值定价法",也称"认知价值定价法",就是顾客对不同地点、不同环境、不同企业提供产品和服务的理解价值有所不同,如同一个易拉罐的可口可乐,在量贩超市卖1.8元,一般酒店卖5元,高档咖啡厅可卖到10元,而五星级宾馆则高达38元;"价值定价法",有对高质量的产品制定较高的价格,如奔驰的价格哲学是"价格越高质量越好",也有"同样的价格更高的质量",许多折扣商采用这种方法,还有"较低的价格更高的价值",丰田公司的凌志轿车就是这种定价方法;"随行就市定价法",是大多数中小企业追随市场领导者所采用的方法,领导者价格变动大家也随着变动,认为市场价格反映了集体的智慧,既可带来合理的利润又不破坏行业间的协调性;"差别定价法"是根据顾客、产品、地址等差异来调整价格,如在同一航线上航空公司可根据舱位等级、星期几、季节等定价;"产品组合定价法",是当产品为某种产品组合中的一部分时,企业对定价方法和策略进行调整,如柯达照相机价格很低,原因是依靠出售胶卷营利;"价格折扣和折让法",是对提前付款、大批量采购、淡季购买等行为的顾客调价回报,如以旧换新;"促销定价法"一般有牺牲品定价,如百货公司利用大幅度降低几种知名品牌价格的方法,来刺激店内其他商品的销售,也有特殊事件定价,如打出"原价 1 200 元现价 280 元"用以招徕顾客。

(3) 分销渠道价格策略,是指企业如何选择将产品从制造商顺利转移到消费者的最佳途径。分销渠道策略包括区域分布、中间商选择、营业场所、网点设置、运输储存及配送中心等因素的组合。

(4) 促销策略,是指企业利用信息传播手段传递"合适的产品在适当的时候以适当的价格出售"的信息。它包含了企业与市场沟通的所有方法,具体有人员推销、广告、营业推广、公共关系等因素的组合运用。其作用在于传递企业何时、何地以何种方式、何种价格销售何种商品的信息;引起消费者的注意,激起购买兴趣;增强企业品牌的知名度。

在动态的市场营销环境中,上述四个基本因素互相依存,互相影响。在企业的营销实践中,它们只有互相结合形成一个统一的整体才是有意义的。这四个变量是围绕目标市场中消费者的需求而协调成一个整体的,脱离了消费者的需求,也是没有意义的。

3. 产品生命周期各阶段的营销策略

在产品生命周期的不同阶段,企业所面临的情况各不相同。因此,企业根据产品在生命周期各阶段的特点以及消费者的不同类型,相应地、有侧重地采取各种营销策略。

(1) 投入期的营销策略。在投入期,由于新产品刚进入市场,消费者对产品十分陌生,产品销售增长缓慢。因此,企业应该注重扩大消费者对产品的接受程度和范围,降低成本,尽量缩短投入期。有下列四种策略可供选择。

一是快速掠取策略——高价位、高促销策略。高价位可以使企业迅速收回成本获取利润;高促销则可尽快提高产品的知名度,吸引消费者。采取这种策略的市场条件是:大部分潜在消费者还不了解这种新产品,已经了解这种新产品的人急于求购,并且愿意按企业所定价格购买;企业面临潜在竞争的威胁,急需引导消费者对产品的偏好,树立企业的产品形象。

二是缓慢掠取策略——高价位、低促销策略。高价位可以使企业获取利润;低促销降低了促销费用,使企业获得更多的利润。采取这种策略的市场条件是:大多数消费者已经知道了这种产品,同时购买者愿意出高价,而且潜在的竞争威胁不大。

三是快速渗透策略——低价位、高促销策略。这样可以使产品迅速进入市场,取得尽可能多的市场份额。采取这种策略的市场条件是:市场容量很大;消费者对这种新产品不了解,但对价格却非常敏感;潜在的竞争威胁大;产品成本随企业生产规模的扩大而降低。

四是缓慢渗透策略——低价格、低促销策略。低价格是鼓励消费者迅速接受新产品;低促销则可节省促销费用,增加企业赢利。采取这种策略的市场条件是:市场容量很大;大多数消费者已了解了这种产品,但对价格反应敏感;存在相当多的潜在竞争者。

(2) 成长期的营销策略。在成长期,消费者已经了解这种产品,有越来越多的消费者购买和使用这种产品,销售量和利润迅速上升,但利润的上升也使竞争者看到了有利可图,竞争日趋激烈。企业应把重点从使消费者了解新产品、提高知名度转到争创名牌、吸引消费者购买上来，保证产品销售的迅速增长，延长给企业带来最高利润的这一时期。这一阶段企业可以采用五种策略。

一是提高产品质量。改进产品的功能、花色、包装以提高市场竞争力，满足消费者更高、更新的需求，从而促使消费者更多地购买产品。

二是寻求新的市场。通过细分市场，找出新的、尚未得到满足的市场，结合企业的实际情况，组织生产和销售产品。

三是扩展企业的分销网络。努力开辟新的销售渠道，使产品更迅速、方便地到达消费者手里。

四是改变广告宣传重点。由前期扩大产品知名度转向强化消费者的品牌忠诚度，树立品牌形象。

五是充分利用价格手段。可以适当降低产品的价格，吸引更多的顾客，排挤竞争者，用牺牲短期的利润来争取市场占有率的扩大，从而为长期获利打下基础。

（3）成熟期的营销策略。在成熟期，销售增长的速度减缓，市场竞争激烈，一些经营欠佳的竞争者被迫退出市场。为了维持企业的市场地位，应采取进攻性策略，有三种策略可供选择。

一是改良市场。通过开发产品新用途或改变推销方式等，来扩大市场。如将节日用品变为日常用品，把儿童用品推广到成人使用。

二是改良产品。增加功能，改变款式，提供新的服务。

三是改良营销组合。调价，增加销售渠道，提出新的广告主题，开展各类促销活动等。

（4）衰退期的营销策略。在衰退期，销售量急剧下降，利润甚微，产品失去吸引力，大部分竞争者退出市场，剩下的消费者变得更加忠诚。企业可采用两种策略。

一是保留策略。企业继续把产品留在市场内。逐渐收缩、放弃销售状态不好的细分市场；销售力量放在销售较好、具有利润的市场，坚守收缩后的市场阵地。

二是放弃策略。它是指企业决定淘汰该产品。采用此策略要考虑是完全放弃还是予以转让，一般选择后者；是产品迅速淘汰还是缓慢淘汰，迅速淘汰可集中精力开发推广新产品，缓慢淘汰可争取剩余市场的利润；是否保留一定量做零部件及售后服务，通常答案是肯定的，这样可使老顾客更加信赖企业，有利于树立企业的良好形象。

（二）营销渠道

1. 分销渠道

分销渠道也称分销途径或分销路线，是指产品从制造商转移到消费者的过程中所经过的各个中间商连接起来的通道。

分销渠道选择是否得当，直接影响企业的营销目标能否实现。这既是实现产品销售的重要途径，也是企业了解和掌握市场需求的重要来源，还是加速商品流动和资金周转、节约销售费用、提高经济效益的重要手段。可见分销渠道在企业整个营销策略中占有极其重要的地位。

2. 分销渠道的选择

（1）影响分销渠道选择的因素。企业选择分销渠道，会受许多因素的影响和制约。主要有市场因素（市场范围、顾客集中程度、消费者购买习惯、需求的季节和资金状况），产品因素（产品本身的物理和化学性质、产品售价的高低、产品式样、产品的技术复杂程度和产品的新旧程度),中间商状况(提供各类服务的能力、对制造商的态度和要求、经销费用和规模),制造商本身的条件(规模、财力、声誉、经营能力),环境因素(经济形势和有关法律法规)。

(2)分销渠道的选择。一般来说,生产资料中的大型生产设备、原材料等,消费资料中的鲜活食品和服务等,大多采用直接销售渠道。生产企业不通过流通领域的中间环节,采用产销结合的经营方式,直接将商品销售给消费者。

生活消费品,如牙膏、牙刷、油盐酱醋等,工业消费品中的小型工具,如小五金等,通常采用间接销售渠道。从生产领域转移到消费者或用户需要经过若干个中间商,是一个多层次结构的分销渠道。

一般日用消费品,如毛巾、内衣、暖瓶等,都是通过宽渠道销售,由多家批发商经销,又转卖给更多的零售商去进行销售。

窄渠道销售一般适用于专业性较强的产品或较贵重的耐用消费品。使用的中间商很少,分销面狭窄,甚至一个地区只有一个中间商统包,独家经销。

3. 分销渠道的管理

在选定分销渠道方案后,企业还要完成一系列管理工作,包括对各类中间商的具体选择、激励、评估以及根据情况变化调整分销渠道方案和协调成员间的矛盾。

(1)选择渠道成员。中间商的选择是制造商的产品进入市场、占领市场、巩固市场和发展市场的关键。选择具体中间商时必须慎重考虑合法经营资格、目标市场、地理位置、销售策略、销售能力、业务水平、储运能力、财务状况和企业形象。

(2)激励渠道成员。激励中间商的基本点是了解中间商的需要,并据此采取有效的激励手段。制造商要制定一些考核和奖励办法,对中间商的工作及时监督和激励,必要时也可给予惩罚。企业在处理中间商的关系时,通常采用合作(一方面使用激励手段如高利润、额外奖金;另一方面采用制裁措施,对表现不佳的中间商则降低利润、推迟供货或终止合作),合伙(达成一种协议,明确职责、义务、报酬等),经销规划(组建一个有计划、实行专门管理的垂直营销系统,把中间商与制造商的需要结合起来)。

(3)评估渠道成员。一般包括销售指标的完成情况、平均存货水平、产品送达时间、服务水平、产品覆盖程度、促销和技术培训等。正确评价中间商的工作成绩,除了横向比较销售额的大小外,同时还应进行纵向比较,这样,对中间商的工作评价可能更为客观。

(4)调整销售渠道。由于消费者购买方式的变化、市场的扩大或缩小、新的销售渠道的出现、产品生命周期的更替、渠道成本的增减,对销售渠道要不断进行调整。渠道的调整方式主要有增减渠道成员(分析增减哪些中间商会对产品分销、企业利润带来影响),增减销售渠道(当同一渠道增减个别成员不解决问题时),变动分销系统(对现有分销体系、制度做通盘调整)。

(三)促销手段

促销,即促进销售。它的实质是制造商与购买者之间的信息沟通,是一种由卖方到买方和买方到卖方的不断循环的双向沟通。

1. 基本策略

促销如果从动作的方向来区分,则所有的促销策略都可以归纳为两种基本类型,即"推式"策略和"拉式"策略。如图8-1所示。

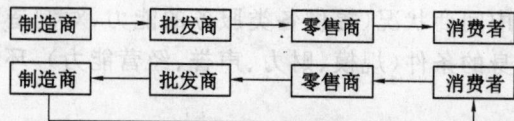

图 8-1 "推式"策略和"拉式"策略示意图

（1）"推式"策略主要通过以人员推销的方式为主的促销，把商品推向市场。在于说服中间商，使他们接受企业产品，从而使产品渗透并进入分销渠道，最终到达消费者手中。

（2）"拉式"策略主要通过以广告为主的促销，把消费者吸引到企业的特定产品上来。这种策略要设法引起消费者对产品的兴趣，使消费者向中间商询购这种产品，导致中间商向制造商进货。

企业在生产经营过程中，要根据客观实际的需要，综合运用这两种基本的促销策略。一般来说，对于需求比较集中、技术含量高、销售批量较大的产品，宜采用"推式"策略；对于需求分散、技术含量低、销售批量较小的产品，宜采用"拉式"策略。

2. 促销方式

促销方式具体有人员推销、营业推广、公共关系和广告四种。

（1）人员推销，是企业通过推销人员深入到中间商或消费者中间直接进行产品推荐或介绍，以促使其采取购买行为。一般是：首先接近客户，搞清楚客户需求强度；接下来要采取相应的方式，打动对方的"心理防线"，从而建立双方的信任基础；第三，沟通和交流，引起注意，进而获得客户的认同，引起兴趣，双方的关系由相识上升到敬佩。

（2）营业推广包括使用各种多数属于短期性的刺激工具，用以刺激消费者和贸易商比较迅速或较多地购买某一特定的产品和服务。营业推广的工具有消费促销和交易促销两大类。具体形式，有提供样品（免费提供产品，可挨家挨户送上门），邮寄发送（在商场提供，或附在其他产品上奉送，也可作为广告品赠送），优惠券（邮寄，附在其他产品包里，刊登在杂志和报纸广告上），现金折扣（消费者购物后将一张指定的"购物证明"寄给制造商，制造商用邮寄的方式"退还"部分款项），特价包（为消费者提供低于常规的组合销售商品），奖金（现金、旅游、物品等），竞赛（一首诗、一条建议或一项竞技比赛，评判最佳参赛者），抽奖，游戏（纸牌、填字等中奖游戏），光顾奖励（以现金或其他形式按比例奖励某一顾客或客户集团的光顾），免费试用，产品保证，交叉促销（用一种品牌为另一种非竞争品牌做广告），联合促销（两个以上品牌或两个以上公司合作），商品陈列和产品示范表演。

（3）公共关系，指一个社会组织以公众利益为出发点，通过有效的管理和双向信息沟通，在公众中树立良好的形象和信誉，以赢得组织内外相关公众的理解、信任、支持和合作，为自身事业的发展创造最佳的社会环境，实现组织既定目标的活动。大多数企业会有一个专门的公共关系部负责开展与新闻界的沟通、产品公共宣传、公司信息传播、游说、咨询等活动。

（4）广告是企业针对目标顾客和公众进行直接说服性传播的主要工具之一。广告是由明确的主办人发起，通过付费的任何非人员（媒体）介绍和促销其创意、商品和服务的行为。在制定广告方案时，营销方案首先必须确定目标市场和购买者动机，然后才能做出广告方案的相关决策。

3.促销组合

促销组合是企业根据促销需要,对各种促销方式进行的适当选择和综合配置。在制定促销策略的过程中,要根据企业的促销目标、产品性质、产品生命周期、市场性质、促销预算等因素,将几种促销方式有机组合起来,综合运用。促销组合可以体现企业整体思想,形成完整的促销策略。制定促销策略还应考虑企业所采用的分销渠道、价格策略、竞争环境等因素,以期收到最佳的效果。

四、财务管理

闻名世界的诺贝尔基金会成立于1896年,由诺贝尔捐献980万美元作为底金,每年颁发5个奖项,支付高达500万美元的奖金。主要靠银行存款与公债收益,运作80年后,至1976年该基金会只剩下500万美元的资产。诺贝尔基金会的理事们于同年对理财方法做了突破性的改变,将原先只存放在银行与买公债的理财方法,改变为以投资股票、房地产为主。2007年基金会总资产滚动到11.3亿美元。这一实例说明了一个道理:每个企业都必须有正确而成熟的理财观念,要运用科学的理财方法,使企业资产不断增值,从而达到良性的目标。

企业进行生产经营活动的目的在于获取利润,而利润是企业收入与支出的差额。企业只有加强管理,增收节支,才能获得更多的利润。这里主要向青年朋友介绍收入与支出管理,其次谈谈投资决策要素,最后分析利润管理的方法。

(一)收支管理

1.收入管理

收入是指企业在销售商品、提供劳务及让渡资产使用权等日常活动中形成的经济利益总流入,包括销售商品收入、劳务收入、利息收入、使用收入、租金收入、股利收入等。

2.支出管理

支出是指企业的成本和费用。成本是企业为生产产品、提供劳务而发生的各种耗费;费用是企业为销售商品、提供劳务等日常活动所发生的经济利益的流出。成本和费用是企业生产经营活动所付出的代价。

(二)投资决策

资金去向何处?尽管没有任何人对投资的客体加以限制,但要找准投资对象,讲究投资方式,以达到科学决策。

1.投资对象选择

投资者在选择投资对象时一般从以下几个方面考虑。

(1)企业成功的条件。任何一家投资公司都不会选择那些不具备成功条件的企业进行投资。企业成功的条件是:有较高素质的企业家,他必须具有献身精神,有决策能力,有信心,有勇气,思路清晰,待人诚恳,有出色的领导水平,能激励下属为同一目标努力工作;有既有远见又符合实际的企业经营计划;有市场需求或潜在市场需求的新技术、新产品;有经营管理的经验与能力;有能高效运转的组织机构;有自有资金支持。

(2)高科技公司。投资者特别偏爱那些在高新技术领域具有领先优势的公司,比如:软件、药品、通信技术领域。如果企业能有一项受保护的先进技术或产品,那就更好了。这些企业常常可以筹措到足够的资金以渡过难关。

(3)"亚企业"状态。投资家资助的是那些"亚企业",即只有已经组成了队伍,完成了商业调研和市场调研的企业才能获得投资。

（4）区域因素。一般投资者都有自己的投资区域，通常只对自己所熟悉行业的企业或自己了解技术领域的企业投资；投资公司所资助的企业大多分布在本公司所在地的附近地区，便于沟通和控制。

（5）小公司。大多数投资者更偏爱小公司。首先，小公司技术创新效率高，有更多活力，更能适应市场变化。其次，小公司规模小，所需资金也少。再次，小公司规模小，其发展余地也更大。最后，投资一个小公司不仅仅是做成一次投资交易，更重要的是实现了投资者的一个理想。

2. 七种投资方式

（1）创业投资。对某些创新技术及其雏形产品或者某个企业家的构思和创意进行投资，为企业提供启动资金和早期运作资金。

20世纪90年代网易、雅虎的投资者取得了巨大成功，目前，美国1/3的资本用于创业投资。

（2）开发投资。企业已经有了雏形产品，但需要资金将该雏形产品推广成为成型产品。开发投资一般距离企业收支平衡为期不远。

（3）发展投资。企业做到收支平衡后，虽已摆脱了初期的巨大风险，但依然需要资金进行品牌树立，巩固其在业界的地位。发展投资往往作为资本追加形式出现。

（4）拓展投资。企业发展壮大，需要进一步拓展市场，扩大市场份额。这时资本会进一步投入拓展投资。

（5）购买企业上市股份。资本看好该企业长远发展，也可以用购买企业上市股份的方式介入。

（6）提供企业扭亏资金。在经过认真地市场分析和企业分析的条件下，资本可投向濒临破产的企业，使其起死回生，东山再起。

（7）提供重组资金。企业在发展过程中可能会碰到很多购买他人技术、并购同类公司的机会，这时有借助资本的要求，投资者可在认真调研基础上投放资金。

（三）利润管理

利润是企业在一定期间生产经营活动的最终成果，也是收入与费用配比后相抵的差额，如果收入小于费用，其净额表现为亏损。在实际工作中，利润常表现为利润总额、税前利润和净利润等不同形式。

1. 利润的构成

根据《企业会计制度》的规定，企业利润包括营业利润、投资收益、补贴收入、营业外收入与支出、所得税等组成部分。其中又有营业利润、净利润之分。

2. 利润规划

利润规划是企业对影响利润诸因素的分析并确定其金额，从而编制利润计划，以便有效使用资金，实现营利的目的。利润规划一般有三种方法。

（1）本量利分析法，是研究成本、业务量和利润三者之间关系的一种重要方法，有助于企业寻找降低成本、增加利润的途径。

（2）目标利润法，是利用预计的主营业务收入及销售利润率来预测利润总额的一种方法。这种方法要求企业对主管业务收入和销售利润率的预测比较准确，否则其结果会有较大的偏差。

（3）增长比率法，是企业根据上年实现的利润总额，结合计划期可能发生的变动情况，确定利润增长率，最终预测计划期利润总额的一种方法。这种方法适合于经营稳定并且市场变化不大的企业使用。

3. 利润分配

利润分配分为两个步骤：一是企业与国家之间的利润分配，即按规定计算并缴纳所得税；二是企业与所有者之间的利润分配，即计缴所得税后的净利润分配。

五、依法纳税

"税赋不丰，何以兴国；国家不兴，焉能富民"。社会主义税收"取之于民，用之于民"，与人民的生活息息相关，税收工作的成效直接关系着小康社会的实现进程。依法诚信纳税是"依法治国"和"以德治国"在税收工作中的集中反映，是"爱国守法"、"明礼诚信"在经济生活中的具体体现。每一个公民和纳税人都应当认识到，依法诚信纳税是衡量企业的商业信誉和个人的道德品质的重要标尺，是遵守市场竞争规则、维护商业道德的具体体现。依法诚信纳税必将赢得社会的广泛尊重。企业只有依法诚信纳税，才能促进自身的长远发展，才能树立良好的商业信誉和形象。

近年来，随着我国经济的迅速增长和新税制的确立，我国依法治税力度不断加大，并取得了显著成绩，为国民经济持续、快速、健康发展打下了坚实的基础。《中华人民共和国税收征收管理法》及《中华人民共和国税收征收管理法实施细则》的重新修订实施，标志着我国税收法律体系日趋完善，税收征管工作进入了新的阶段。

纳税人、扣缴义务人必须按照法律、行政法规的规定履行纳税义务。纳税人、扣缴义务人依法纳税，一是必须遵守税收征纳实体法规定的税负，足额缴纳；二是必须遵守税收征纳程序法规定的程序，依法缴纳。对于税务机关税务人员的违法行为，纳税人、扣缴义务人有权控告和检举，并有权要求依法纠正。依法征税原则对于督促纳税人、扣缴义务人缴纳税款、代扣代缴、代收代缴税款以及保护其合法权益均有重要的意义。

第九章　创业成功案例

一、小木匠曲宝营卖"历史"赚了 50 万

乡村里的过时农具还能有什么作用？山东一个名叫曲宝营的木匠，居然突发奇想：欲把家中废弃的农具制作成微型农具，卖钱致富！他的这一举动还没实施，就遭到了妻子的指责和村民们的嘲笑："如果连废弃的农具也能变成财富，那我们这儿的石磨、爬犁和织布机……岂不都成了金矿？这不是痴人说梦，异想天开吗？"

然而，喜欢做梦的曲宝营偏偏不顾人们的反对，执意离开家，叮叮当当地开始了他的致富工程……他的梦想能实现吗？你能相信他靠卖"农具"，在一年间挣了 50 多万元吗？

奇！木匠想靠卖农具致富

曲宝营今年 48 岁，是山东省费县七福庄村人。年轻时，他学了一身木匠手艺，此后便走村串巷，专以替人打造农具和家具为生。经过 20 多年磨砺，曲宝营的手艺日臻成熟。2000 年春，他凭着高超手艺，被当地一个家具厂聘去开发新型家具。他一边工作，一边利用空余时间制作了大量的仿古家具及根雕，收入很是可观。

2003 年麦收时节，曲宝营请假回村收庄稼。由于住在沂蒙山区，他使用的运输工具还是早已被淘汰的手推车。当他推着一车小麦回家时，在路上碰到了一位叫吕长有的上海客商。吕长有以前曾购买过他的根雕，这次是专门来找他打探根雕信息的。吕长有看到他仍然还在使用老式的手推车，便惊讶地问："这种手推车你还用啊？"曲宝营点点头，解释说："我种的庄稼多在半山上，不用它，粮食收割后就运不下来。虽说这玩意儿别人早当柴烧了，但我一直保存着。"

根雕没买到，吕长有自然有些失落，他心有不甘地说："宝营，我跑了几千公里来找你，根雕没收到，你也不能让我空手而回吧？要不这样吧，你给我做一辆手推车怎样？我带回去做个纪念。"曲宝营以为他开玩笑，打着哈哈说："行啊，你如果真要，我就给你做一辆。不过，这推车那么大，你怎么运回上海？"吕长有不愧见多识广，提出让他做辆和大车一样逼真的小车，以便于收藏。

曲宝营答应了吕长有的要求，他找来一些木料，利用两个晚上，做出了一辆长 20 厘米的小手推车。吕长有高兴地拿走这辆微型手推车后，不久便从上海打来电话，说那辆手推车很受城里人喜爱，很多人看后都想托他买几辆，孩子们则成天缠着他追问有关这辆车的故事。吕长有说他告诉孩子们：手推车是中国历史发展过程中的一种早期农用工具，对于中国农业的发展起到了重要推动作用；很多农民在解放战争中，就是用这种手推车推着粮食支援解放军的……最后，吕长有问曲宝营："能不能再多做几辆小推车，我汇款购买。"听了这话，曲宝营忽然蹦出一个大胆的想法：既然小推车深受孩子们喜爱，还能起到教育作用，我为何不专门生产呢……曲宝营辞职回到了家里，开始鼓捣起来。谁知，他刚拉开架势，妻子就发现了他的意图，责备他说："你放着现成的钱不挣却去折腾农具，这破玩意儿能挣钱，那农民不早富了?"曲宝营耐心向妻子解释,但他越解释妻子越来气,最后两人竟吵了起来。一怒之下,妻子向他发出了最后通牒:"你要么回家具厂上班,要么离开家,愿意怎么折腾就怎么折腾去!"然而,妻子的相逼却没能让曲宝营改变主意,他竟真的抱起一床棉被,走出了家门……曲宝营找到村里的一个朋友,提出想租借他闲置的院子。朋友见他抱着一床棉被,好奇地问:"你是不是被媳妇赶出家门,要找住的地方啊?如果是,也用不着租我的院子,到我家住就行啊!"曲宝营苦笑着说出了事情的原委,并请他一定要成全自己。朋友十分感动,索性免费为他提供了自己闲置的院子。

然而,曲宝营在村里叮叮当当地做起小手推车后,村里人立刻就炸开了锅,人们笑话他说:"如果手推车能卖钱,那我家里的锄头、斗笠、爬犁……不都能做成工艺品卖钱啊!这不是异想天开吗?"一些老人也责备他放着正经事不做,置老婆孩子于不顾,偏去瞎折腾什么小农具,简直是异想天开。但不管村里人如何议论,曲宝营依然我行我素地搞起他的事业。

绝!迷你型农具横空出世

2004年1月,曲宝营正式拉开了制作小推车的序幕。为了节省开支,他将平时做木匠活剩下的一些棵木下脚料当做原料,并借鉴第一次制作小推车的经验,先行制作出手推车的轮子、车把和横梁等部件,然后再把这些部件组装起来。这看似容易,其实很费周折,其中一个难题就是制造圆型车轮。曲宝营找到一根圆木,用锯子锯成厚度1厘米左右的木圈,然后用刻刀将木圈掏空,做成一个圆轮。手推车的车身是有弧线的,他就在有规则的木条上,用铅笔先画出样子,然后用小刀细细雕刻。但由于木头硬,雕刻时容易打滑,他常常被刻刀划得伤痕累累,血迹斑斑。不过,经过1个多月的细心琢磨,曲宝营还是熟练掌握了小型手推车构成的元件弯度、尺寸和比例。

2004年2月,他终于制作出10辆微型手推车。当他把这些玩具挑到县城叫卖时,很快就引起了人们的围观。他趁机吆喝起来:"快来看啊,都来买哟!一辆小车才卖15元呢!买回家既可当工艺品,又可以给孩子讲历史……"他喊得眉飞色舞,可围观的人却议论纷纷:"我家里就有手推车啊,要教育孩子,我可以让孩子在家看真家伙!再说,这玩意儿也不能叫工艺品,我们这儿到处都是,谁稀罕啊!"

曲宝营叫卖了半天,有一个小孩吵吵嚷嚷地缠着父亲要买一辆。可那位顾客拿起他的小车端详了一会儿后,忽然又放下了。他对曲宝营说:"你瞧瞧,这么粗糙的东西能算工艺品吗?就算我愿意给孩子买一个,你也不能欺骗孩子呀!"曲宝营拿起小推车一看,发现自己做出的这些小推车果然个个木质粗糙,怎么看也不像工艺品。他这才明白自己使用的棵木都木质较粗,制作大件家具看不出来,但用在精致的手工艺品上就不行了。

这天,曲宝营在县城叫卖了一天,连一辆推车也没有卖出去。他回到村里,妻子立即找到了他,好言相劝说:"宝营啊,你还是回家吧,别再搞那玩意儿了。你是木匠,木匠就是做家具的命啊,那玩意儿怎么是农民做的事呢?再说,你做木匠一年还能挣些钱,可你要做这玩意儿不仅不挣钱,还会贴钱啊!"此时,家具厂的老板也找上门,劝他回厂去老老实实地工作,别再打歪主意。可曲宝营天性倔强,他认准了的事,别人再怎么劝,也不会回头。当着妻子的面,他当时就把那些手推车付之一炬,然后郑重地说:"你别忙笑话我,我告诉你,我要是不搞出名堂来就永远不回家!"

经过反思,曲宝营认为自己之所以失败,原因在于两点:一是自己选择销售的地方不对,费县作为一个小县城,很多居民的老家就在农村,小型手推车对他们来说根本不是新鲜东西;二是自己加工的这批手推车确实外表粗糙,木料需要进一步改进。找准问题后,他首先对小推车的用料做了调整,以木质细腻而有光泽的梨木取代了原来的楝木,一连制作了10辆微型小推车。再销售时,他吸取了上次在县城的教训,直接将小推车挑到了45公里外的临沂市销售。但这一次,他的运气还是不好,从早晨到中午,他在大街上转悠了半天,只有一位老人给孙子买了一辆。曲宝营纳闷了:难道自己苦心做出的微型手推车真的没市场吗?想着想着,他忽然有了触动:两次出来推销,都是孩子嚷着要买这玩意儿;孩子既然这样喜欢,何不到学校去试试呢?

当他挑着担子出现在学校门口时,意想不到的事情发生了。那些中午放学的学生一出校门,就看见了微型小推车,一问价格才卖15元,便立即将曲宝营团团围住,争着吵着要买他的小手推车。才一眨眼工夫,他手里的9辆微型手推车就被抢购一空。没买到推车的孩子还一个劲地问他:"明天还来不来?我先给钱预订。"

终于挣钱了,曲宝营高兴之余,花了100元钱给妻子买了一套新衣服,自己又买了一瓶酒,一路哼着小调回到了久别的家。曲宝营突然回到家里,可惊坏了妻子。她见丈夫一脸憔悴,衣服脏得很久没洗,却给她买回了新衣服,眼泪一下子就掉了下来。这天,曲宝营感慨万千,一沾酒,顿时就喝得酩酊大醉。

这之后,曲宝营又相继做出了几批小推车,他每次去临沂市的学校推销,都供不应求。眼看手推车的市场越来越大,他就开始动员妻子和两个儿子一起帮忙制作,并说:"谁动手钱就归谁!"有了"物质刺激",家里人都上阵了。在他的指导下,一天下来,一家人能做出五六辆小推车。此后,曲宝营挑着小推车到学校出售,妻子和孩子就在家里制作。不过,这样运作,虽然产量提高了,但仍然远远满足不了学生们的需要。每次,只要他一去,那些学生就抢购一空。

曲宝营开始发起愁来:这些推车毕竟是手工制作,既耗时费力,产量又低,一天也制作不出几辆。而且,他长期在学校火爆的销售,引起了商贩们的注意。这些精明的商贩发现他的微型小推车很有市场后,便先照价全部收购下来,然后再以三四十元的价格转卖出去。曲宝营想,自己的产品这样有销路,如果还局限在原始的手工生产状态,肯定做不成大生意。从此,他开始琢磨起半机械和半手工生产的模式。

经过打听,曲宝营找到临沂市电子机械研究所的工程师陈永才,请他为自己设计了一套生产微型手推车的机械。陈永才建议他购买几台车床,将所有元件的生产都实现机械化,到时只用人工进行组装就行。曲宝营采纳了陈永才的建议,一口气投资了9万元,购买了几台小型机床和大量优质梨木,实现了半机械化生产。

生产规模扩大后,曲宝营于2004年11月向当地工商部门申请注册了"沂蒙农家宝工艺品厂",以平均每天生产200多辆手推车的速度,向市场销售。

爽!小车推出大市场

手推车产量提高后不久,曲宝营的产品开始出现了积压现象。这时,有人建议他在媒体上做个宣传广告,好让人们都知道他这个特殊产品。但由于刚投资了9万元扩大生产规模,他没有能力再在媒体上做宣传了。想来想去,他最后决定用自己的身体去各地做活体广告!

曲宝营让妻子找出一件白色上衣,自己用笔在上面画了个手推车图案,然后穿着这件上衣，挑着10多个手推车在山东各大城市做起了活体广告来。他以这样的独特举动上街宣传，所到之处都收到了立竿见影的效果。人们见他身上画着小推车，肩上也挑着小推车，便纷纷前来围观和购买。而颇有心计的他一见有人购买小手推车，就说他是为厂家做宣传的，只能看而不能卖，如果要买的话，就给厂家打电话，直接到工厂去购买。这一招真是吊足了人们的胃口，他的工厂果真陆续来了大量客户。2004年11月，威海市的一位客商还特意来到他的工厂参观，并一次性订购了1000个微型手推车。曲宝营在济南做宣传时，一所小学的老师见他的手推车能做教具，便找他订购了100个……这样，曲宝营在外游走了一个月，居然售出了10 000多件产品，获得了4万多元的纯收入。

后来，为了扩大知名度，曲宝营又印制了名片和图片，再出门时，每当有人向他打听联系方式，他便将名片散发出去。这样不断地一边宣传，一边推销，没多久，他的知名度便迅速提高，引起了很多学校的注意。2004年12月初，临沂市一所中学的吴校长找到曲宝营，要求订购500件手推车。他对曲宝营说："学校购买了你的微型手推车后，应用到历史课的教学中，起到了很好的作用。特别是当老师讲述在辽沈战役和淮海战役中，数十万农民用手推车推着战备物资支援解放军，形成绵延数公里的壮阔景象时，老师便拿出你制作的微型手推车，为学生进行现场演示，学生们受到了极大震撼，均要求集体购买这种手推车，珍藏起来。"同时，吴校长还反映说："我们的语文老师在讲解课文《记一辆纺车》时，难以形象地描述纺车的样子，无法给学生演示，学生也就不能很形象地理解纺车纺线的情景。如果你能造出小纺车，我们将购买50辆！"

曲宝营突然豁然开朗，是啊，即将消失的农具太多了，自己应该抢救开发出更多的微型农具，让学生们去认识。他当即表示尽快开发出来。于是回到家后，马上动手，相继开发出纺车、播种机、石磨和织布机等工具，并形成了由16个品种组成的系列产品。

这套产品问世后，立即受到了学校的欢迎。枣庄市的一所私立小学招收的都是富家子弟，这些学生从小生活在优越的环境中，不了解历史；为了让这些孩子认识过去，珍惜今天的幸福生活，该校常用一些图板给孩子讲述过去，但均不能生动地吸引学生。而当他们得知曲宝营制作出全套微型农具后，便立刻找到他的工厂，购买了几套"农具"，让老师专门为学生讲解这些农具的过去，讲解面粉是如何磨制的，布料是如何纺织出来的……经过一段时间的教育，这些孩子居然一改原有的不良习惯，变得珍惜食物和衣服了。这事经媒体报道后，曲宝营的微型农具更是名声大噪。他再推销时，因为品种多了，生意更是火爆。短短几个月时间，来自北京、上海、深圳和郑州等地的全国30多个城市的客商便纷至沓来，订单应接不暇，举手之间，曲宝营便实现了50多万元的销售收入。

于是，曲宝营向国家专利局申请了"沂蒙农家宝"系列外观设计专利。2005年1月，他又投资20多万元，买下3个农家大院，并添置了机床等生产设备。实行规模化生产后，看到生产人员已远远满足不了市场的需要，他又雇请了50位村民，开始向正规化和机械化生产过渡。曲宝营说，他正在开发更多、更全的微型迷你农具，努力围绕2008年北京奥运会和旅游业，做出更大、更足的文章，力争让具有中国特色的农具工艺品漂洋过海，去赚取外汇！

曲宝营巧妙地将历史淘汰的农具制成工艺品，并利用其特殊的历史价值，将其卖出，既让后人记住了中国的历史，也通过"卖历史"改变了自己的命运。这个神奇的创业故事告诉人们：致富的路千万条，改变命运的途径有多种，但是万变不离其宗；只要推陈出新，适时迎合人们的心理需求，你就有机会把握自己的命运！曲宝营正是抓住了人们怀念历史和喜爱工艺品的心理,从而创造了自己的历史。

二、永和大王:卖油条的中国麦当劳

一个"中国麦当劳"的概念,让一个名不见经传的老板,变成香港大亨李嘉诚以及荷兰霸菱基金锁定的投资对象,紧接着又被菲律宾最大的快餐连锁集团快乐蜂以其海外子公司的名义用 2 250 万美元的价格收购了永和大王 85％的股份。这几次资本运作把永和大王的创始人林猷澳,一下子推上中国资本大舞台。

就在 1995 年 12 月 12 日,永和大王第一家店在上海开张的时候,总的投资才 5 万美金。到 2003 年,永和大王在全国已有 85 家店,年营业收入达到了 3 亿多元人民币。

从林猷澳的简历中,我们看到,他毕业于企业管理系,原本在美国的家族生意是印刷业,1993 年来中国经商,曾先后担任过一家彩色印刷有限公司及钱柜 KTV 娱乐有限公司董事长。但是直到做了永和大王,才真正展现出他精明的生意头脑。

卖油条年收入 3 亿元

红白相间的门店标示,一个和蔼的老年人头像,这个酷似美国快餐巨头肯德基的门面设计已渐渐为人们熟悉,这便是 1995 年在上海开出第一家店铺的"永和大王"。

永和大王在上海开张,最初的主打食品就是豆浆和油条。这一惯例也保持到了今天。截至 2003 年 2 月,永和大王已经在北京、上海、杭州、武汉、深圳等城市开业 80 家直营分店,5 家加盟店,工作人员总数超过 3 000 名,年营业收入 3 亿元,成为专业从事中式快餐连锁经营管理的大型餐饮集团。

卖的是单价 2 元的油条、豆浆,怎么可能做到年营业额 3 亿元? 让"小本"变成"资本",是执行总裁林猷澳改变命运的关键。思考型的林猷澳,每星期打两天高尔夫,但是脑子里却是永和大王的全中国布局。大者恒大,是大市场的法则,在中国做生意,一定要有经济规模。7-Eleven 冲不到 500 家店前也是亏本的,林猷澳盘算着,永和大王至少要冲到 50 家,才有经济效益。

5 万美元显然滚不动大市场。虽然两年内就开了 8 家店,但是 8 家店的利润,并不足以支撑永和大王成为中式快餐第一品牌。

林猷澳动人的"中国麦当劳"概念,让李嘉诚的加怡新亚投资管理有限公司基金在 1997 年找上了门。投资 200 万美元、持股 1/3,有了风险资金的注入,永和大王的开店规模一下子冲到了 18 家。

规模虽然快速扩展,但烧钱的速度更快。赚的钱不断投入,加上拉长战线后的管理支出,永和大王单店的收入由原先的 1.2 万元人民币,骤降至 8 000 元,首度陷入亏损。

当时加怡新亚合约到期,要求退出;股东不谅解为谁辛苦为谁忙。"风险基金进来后,4 年中我们没拿一毛钱分红。"李玉麟忍不住抱怨。

林猷澳认为,引进风险基金是"小本做大"的唯一可能,两个在牌桌上认识的合伙人,开始首度面对能否共患难的考验。

李玉麟最后选择了信任,因为没有风险基金,永和大王不可能有当时的规模。

虽然两年后加怡退出,林猷澳的梦想却照样吸引霸菱。霸菱以更大的手笔,拿出 1 100 万美元投资永和大王。快速扩张,让永和大王连续亏损 4 年,但是果真如林猷澳预期,一旦冲破 50 家开店数,"2002 年我们终于开始获利。"他说。

而到了 2003 年,开店数达到 80 多家,营业收入突破 3 亿元。

掌握连锁店经营窍门

快餐业是一项传统产业,但永和大王的成功引来了风险投资者的青睐。1997 年底,永和大王的连锁店发展到了 9 家。一天,林猷澳回到办公室。秘书告诉他,有位香港的蔡先生找他,留言板上记着:"我是长江集团下属的香港加怡风险基金投资公司的董事,对永和大王有投资意向。"

什么叫风险基金,林猷澳赶紧给做金融的朋友打电话。那位朋友听明白以后说,风险基金一投资就是 200 万美元,凭你们的这种规模,风险基金是不会投资的。不过,林猷澳还是试探性地给香港的蔡先生发了一份传真。对方很快便给了肯定的答复。双方洽谈的结果是,永和大王接受对方入股,出售 1/3 的股权。

从此,永和大王发生了根本的变化,真正成为一家公众性公司,运营管理、财务管理、人事管理已步入国际化的轨道。

有了钱,开店的步伐大大加快,1998 年底达到 18 家。但是,遗憾的是基金的介入并未带来利润的增加,永和单店的日均收入由 12 000 元降至 8 000 元,而且首度陷入亏损。此时,加怡合约到期,要退出。

亏损的公司还有人愿意再投资吗?答案是有的,而且是比加怡更大的基金公司。荷兰霸菱亚洲私人证券投资基金独具慧眼接下了,他们对永和管理层十分信任,除一位财务总监之外,并未派更多人干预永和的运作,并做好了中长期投资的准备。

该基金继首次注资 300 万美元之后,至今总投资额达 1 亿元。林猷澳透露:"截至 2001 年底,我们的累计亏损已达到 5 000 万元。"连续亏损 4 年,林猷澳自己也没有想到,李玉麟也怀疑开连锁店是否值得。

其实,在连锁经营的规模效益没有表现出来之前,是必然亏损的。以麦当劳为例,他们在一个国家要开 70 家店以上,才收支平衡。至于永和,林猷澳表示:"需要至少 50 家店铺。"

他们初期最重要的,是建立一支有理想,愿意把中式快餐作为自己事业的管理团队,于是他们以 5 000 美元的薪金,通过猎头公司到麦当劳去挖脚。此外,他们建立管理信息系统、配送中心,统一装修店面,开发新产品。

林猷澳最骄傲的是用一年时间进行研究,产品已由最初的豆浆、油条、葱油饼和饭团,拓展到 48 个品种。

林猷澳说:"我们至今在广告上的花费几乎为零,我们是不靠广告宣传拉客的,主要还是口碑。"在 2002 年,永和扭亏转盈,赢利达 800 万元,永和连锁经营的规模效益已经真正开始显现。

连锁经营的围棋策略

在林猷澳的计划中,永和大王要经历三个阶段。从 1995 年起的第一阶段以"四大金刚(豆浆、油条、饭团、葱油饼)"为主的早餐店;1999 年开始建立厨房设备电器化,建立资金流、物流的流通平台,走向有正餐的点心店,是第二阶段;现在已经开始进入全方位快餐店的第三阶段。

单价 2 元的点心,永远不敌正餐的利润。

即使在亏损阶段,林猷澳还是默默地把"四大金刚"发展到有黑胡椒牛柳饭等 300 多种的产品库,"现在我们所欠缺的东风,就是供餐的速度,"他说。

虽然跨过第一道门槛,林猷澳仍然不断想着下一步的策略,要做中国第一品牌快餐店,"就要敢于离开上海"。很多人到了上海滩,就不容易离开上海滩,但是林猷澳的眼光,始终相信人要为未来铺路。

林猷澳采取围棋策略,利用四角布局,开始搭建自己在上海滩以外的舞台。

华北以北京为据点、华东是上海、华南是深圳、华中是武汉,以这 4 个城市为核心,再往周边区域发展。从四大核心出发,今年以 2 个钟头车程半径,作为展店区域,明年是 4 个钟头,后年是 6 个钟头,3 年后,四大核心画出的圆,足以涵盖中国最重要的市场。

永和大王直营店从北京已开到了天津,从上海到了杭州,下个目标是绍兴、宁波,今年预计开店数要破 100 家。

接下来林猷澳将开始进行加盟,直营带动加盟,两者交错,一方面整个中国版图就圈了起来,另一方面由直营店直接管理加盟,也不致天高皇帝远,鞭长莫及。

为了快速展店,永和大王快速发展出训练、开发、企划、产品管理、工程 5 个团队。但是永和大王最强的还是财务及训练。永和大王的财务报表有厚厚一大本,"银行认为我们是最好的客户,霸菱就是看上我们这一点,"林猷澳说。快餐是做现金生意,财务一定要透明化,唯有如此,财务独立的精神才会体现。财务没做好,基础等于白打。到目前为止,永和大王每个地区都有独立的财务体系,总公司从不干涉,"如果财务主管和地区营运主管搞在一起,就完蛋了,"林猷澳说。

打造中国第一快餐品牌

永和大王正在按照林猷澳的打算顺利发展,而 2004 年一场收购,加快了林猷澳的计划。菲律宾最大的快餐连锁集团快乐蜂以其海外子公司的名义收购包括霸菱全部股份在内的永和大王 85% 的股份,从而成为永和大王新的控股方,收购价格为 2 250 万美元。

"霸菱选择这个时候退出是其投资基金的性质决定的,并不是一个好时机。"林猷澳称,"即便如此,霸菱退出时获利甚丰。"

无疑,快乐蜂的入主有足够的理由让林猷澳产生更多的希望,因为要成为中国第一,麦当劳是必须越过的对手。

"快乐蜂是全世界唯一可以在美国本土以外打败麦当劳的快餐企业。"林猷澳用尽最夸张的词汇向记者介绍这位新东家,"而且快乐蜂的总裁是一位菲籍华人,发展中国市场是他最大的夙愿,对永和大王有文化认同。"

但是同时,林猷澳强调:"快乐蜂在菲律宾经营的中式快餐与永和大王定位不同,他们主要是针对国外消费者的。"

林猷澳希望借助的是快乐蜂的快餐管理经验,尤其是击败麦当劳的经历。快乐蜂入主后,永和将经常性的派团队去菲律宾学习和培训。目标是在全中国开到 1 000 家店以上,成为中国第一快餐品牌。

在谈到快乐蜂入主后,永和大王面临的变化时,林猷澳称:"我想,在两年之内,永和大王不会做大的调整。"

据悉,目前另一家来自台湾的"永和豆浆"也在大陆快速扩张,与"永和大王"直营为主的经营方式不同的是,"永和豆浆"采取了低门槛的加盟策略,目前已开出70多家店面。看来,两家"永和"豆浆的竞争才刚刚展开。

而要成为中国第一,永和大王的路还有很长。"我告诉员工,我们虽然已经走在成功的路上,但还是要小心走,"林猷澳说。

三、7万元创业,4年赚来千万身家

一个高中毕业生,一个从来没有想过当老板的人,在无奈的情况下选择自主创业,结果竟出乎意料的好。

4年过后,他不仅解决了生存问题,而且创办了一个拥有200名员工、年销售额过千万元的企业。这个人就是深圳下岗职工郭大宝。

夫妻双方月收入不够养孩子

郭大宝是安徽芜湖的农家子弟,曾当过兵,1995年来深圳在一家信息公司当职员。1999年底,他所在的深圳某证券信息企业宣告破产。郭大宝被迫下岗,此时他已34岁。他的爱人在超市工作,月入不过1 500元,女儿仅一岁多,郭大宝下岗后政府发给他的每月最低保障金400多元,夫妻两人的工资加起来几乎不够养孩子。然而,坏运气还在继续,郭大宝下岗10个月后爱人也下岗了。

那阵子,郭大宝天天翻报纸找工作,他也多次去过人才市场,一个高中生,年龄又老大不小的,没人肯雇他。郭大宝很感激市劳动局,当时市劳动局给下岗职工每人提供3次免费培训,课程有美容美发、餐饮等技能培训,也有自主创业培训。郭大宝进了创业培训班。

7万元创业

郭大宝有两个特别要好的老乡,一个事业有成,另一个在深圳塑料行业多年,手里正有一个好项目。朋友都劝郭大宝自己干。有钱的朋友出资7万元,另一个朋友提供项目信息,由郭大宝具体操作。郭大宝朋友手里现成的项目就是专为出口高档鞋定做鞋模。据郭大宝朋友提供的信息,当时仅东莞长安有一家台资企业生产这种鞋模,最大的用户也在东莞,是一家位居世界前位的台资鞋厂。郭大宝直接找到这家台资制鞋企业,他没想到,出面接见他的竟是企业总经理和七八个企业主管。大家围着一张长条桌谈事的时候,郭大宝的腿一直在发料,在这之前他并没有见过鞋模,手上也没现成的产品。

郭大宝只记得那位台湾老板说:"我不管你怎么做产品,只要东西好,价格合适,交货及时,我就会买你的货。"正是这句话让郭大宝看到希望。郭大宝和朋友合伙的企业是深圳市群博实业有限公司。起初他们买别人的产品,再卖给台湾老板,由于量小,卖价并不比别人低多少,台湾老板还是买了他们的货。与这家台湾大企业做成生意为群博带来了信誉。群博实业和一些小规模企业谈生意时,对方一听说那家台资大厂都是群博的客户,也就跟着订了货。第一个月,郭大宝们就赚了1万元,接下来3个月价格控制得不好又赔了。接连3个月每月赔8 000元。朋友有点想撤资,郭大宝问大舅子借了3万元继续干。3个月后生意开始好转。郭大宝正式买了设备,在公明镇租了厂房大干起来。3位朋友也各自明确了股份,郭大宝是第二大股东。如今,群博实业已经是业内较大的鞋模供货商,每月鞋模订单达30万至40万元。

第一个项目的成功使郭大宝悟出两点:第一,所有的购货商都不会满足只从一家供应商

拿货,因为这样不仅有风险,也容易被对方掌控;第二,小商船要敢碰巡洋舰。郭大宝认为,如果小企业一开始就能和大客户做成生意,不仅生意稳定了,而且技术质量等起点较高,另外,小企业一开始主攻一个大客户也更容易集中人力物力提高效率,更有利于做大。

一个项目亏损了 20 多万

在鞋模产品上了轨道时,郭大宝又看上了另一个和鞋相关的产品——鞋撑。郭大宝想,都是鞋上用的配件,也是同一个购货企业,上这个产品应该不会很难。没想到做鞋撑赔了20 多万元。

郭大宝说,别看同是鞋上用的东西,由于鞋撑行业已相当成熟,后来者根本无成本优势。郭大宝发现自己的每个鞋撑材料的进货价比人家的成品价还贵了 1 分钱。这个项目的失败让郭大宝悟到:进入一个很成熟的行业,除非第一有经济实力赔得起,在赔中积累经验;第二,有新技术或新工艺可以大幅降低成本,否则最好不要盲目生产。

挑战环保餐具

2002 年报纸上一片"禁白"声,郭大宝被环保餐具的巨大市场需求所吸引,开始研制环保餐具。两年多过去了,许多环保餐具企业撑不下去了,郭大宝的环保餐具产品却一点点做大。郭大宝做环保餐具一开始就着眼于技术的研发,想方设法降低成本而不是忙着扩大规模。

在做环保餐具的同时,他也开始生产鸡蛋、蔬菜托盘。他的销售路线是农村包围城市,到农村、农户的家里去销售托盘。如今,群博实业生产的托盘已经进入深圳的许多大超市。

回首 4 年的创业经历,郭大宝感叹人的潜力无穷。人们在这位被迫走向成功的创业者身上,看到了创业带给他的自信和快乐。

四、千万富翁胡忠伟的 6 条创业感悟

他,曾经是一个贫困的大学生;他,上大学不久就靠当家教赚取学费;他,从大学一年级就开始创业;他,曾经因为办"黑班"被撵得东躲西藏;他,如今已经成为拥有千万资产的企业家——胡忠伟,1976 年生于沈阳市苏家屯区一个普通的农民家庭,1994 年考入沈阳大学。1995 年,家境贫困的胡忠伟在当家教打工的时候,发现了儿童英语培训的巨大商机。他利用业余时间创业,用 3 000 元办起了仅有 20 名学员的"小学馆儿童美语班"。如今,小小的英语培训班,已经发展成为拥有固定资产上千万、员工 400 余人的教育集团。在许多人眼里,胡忠伟的创业简直就是一个奇迹。不名一文的大学生,大学一年级下海创业,9 年拼搏成为千万富翁,胡忠伟的创业经历是如此的神奇,以至于有人惊呼他简直就是"沈阳的比尔·盖茨"。

胡忠伟接受采访时,总结了自己六个方面的创业"秘籍"。

No.1:转变心态——当别人为就业而烦心时,胡忠伟脑子里想的却是自己创业。

体会:解决心态问题,是创业的第一步。有创业意识的人,要跳出传统的择业观念和思维模式。传统的择业观使人们总是把"宝"押在别人身上;自己所做的一切努力,是想得到别人的认可,进而受到别人的重用,并借此得到希望得到的利益。而创业的人要有意识地改变这样的心态,相信自己,认可自己,为自己所用!

实例:我早早就有了创业意识,并为创业长久地积蓄着各种条件。生长在农村的我,像城里的孩子一样学写毛笔字。有人对我说,你学好书法,比别人多会一项本事,将来找工作容易。其实,我心里想的是日后成为一个企业的领导者,要把字签得好看一些。我高三就考了驾照,那是 1993 年,城市里考驾照的人也不多。又有人对我说,你考了驾照将来给单位的领导当司机也是不错的工作,我心里想的是驾驶是一个企业管理者必须掌握的技能。这就是两种心态的对比。

No.2:危机意识——人无远虑,必有近忧。当别人为今天的舒适安逸而满足时,胡忠伟却看到了未来生活的危机。

体会:中国大学生往往在经历完极度疲惫的高中阶段后,在大学里极度地放松着自己。不少大学生都错误地认为找工作是大四才需要想的事情。其实从跨入大学的第一天起,就应该给自己施加压力,强化危机感,有意识地做好创业的准备,如知识储备、社会经验储备。

实例:1994 年我考入沈阳大学。由于家里交不起学费,竟然面临着只能供我和妹妹其中一个人读书的窘境。我思考再三,让家里为我付第一年的学费,以后的由我自己来付。在大学的第一年,我做家教工作,一个寒暑假下来就有几千元的收入。危机意识促使我从事了家教工作,这份工作带给我的不仅是经济困难的解决,更多的是对社会的观察和对市场的了解。

No.3:市场意识——当你发现市场机会时,你应当像猛虎扑食一样把它抓住。

体会:市场意识听起来像是空泛的大道理,然而它确实是创业的关键。大学校园不应该成为困住大学生的象牙塔,大学生理应分出一部分精力加强对社会的了解,主动地分析市场信息。

实例:通过家教工作,我了解到家长非常重视孩子的英语学习,而且将成为一种趋势。获得了这样的市场信息,才有了办英语培训班的举动。炒股票、五爱市场倒货、练摊,这样的行业最早都被人们认为是不务正业。然而,抓住了这些行业先机的人,都成了市场淘金者。有人说我的成功是因为我幸运,赶上了英语学习热的早期阶段,然而,谁又能否认这种偶然其实是一种必然呢? 一次成功的创业,最重要的是抓住第一次成功的机会。我办班没多久,每个月的收入竟达到 1 万多元。

No.4:主动适应——当有的大学生抱怨社会的种种问题时,胡忠伟想的却是适应这个社会,让社会为我所用,耐心等待社会的改变。

体会:社会不是为你而造的,要去适应它。与其抱怨社会环境不好,不如换个心态,把每一次危机都看做是一种转机,每一次变化都当做机会。对社会的变化始终保持兴奋,才是创业的良好心态。大学生不要把精力放在愤世嫉俗上。

实例:创业之初,我困难重重。当时办英语补习班是不被允许的,我的行为被认为是不务正业,我的班是"黑班",没少遭受查处。因为没有城市户口,我办班却做不了法人;聘请外籍教师教英语被认为是违法……面对困难,我坚持认为只要市场有需要,不管最初有多大的压力,它也是个好的行业。事实证明了我的判断,没过多久政策就发生了改变,这些横亘在我面前的困难都解决了。

No.5:坚定信念——当企业面临绝境时,胡忠伟没有垮掉,而是顽强地挺了过去。

体会:创业之路不可能一帆风顺,面对困难要有平常心。

实例:1998 年,由于当时的形势,也包括一些同行的排挤,我开办的培训中心被认定非法聘用外国文教专家,被罚款 10 万元。当时,我还是大学生,竟承受了这样大的压力。但是,凭着顽强的精神,我挺了过来,不仅事业没有垮掉,还取得了各级相关部门的信任和认可。

非典期间,学校全面停课,我每个月的房租、员工工资等各项支出都非常巨大。在这样严峻的情况下,我从未想过放弃。我的员工们也表现出惊人的团队精神——中方员工表示宁可不要工资也不离开,外教也没有一个回国的。这件事被辽宁电视台录制成"我们依然快乐着"的节目,并被中央电视台选中。

No.6:求新求变——当别的竞争者也争抢着跳下海游泳时,发现胡忠伟已经乘上大船远去了。

体会:市场竞争是针锋相对的,与其在针锋相对中拼个你死我活,不如求新求变。从这种竞争中跳出来,不但自己轻松,而且效果更好。一个人的成功是需要能够走一步看两步的,要不断开阔眼界求发展。

实例:在宣传上,当别人一股脑地做报纸广告时,我做路牌广告;别人做路牌广告时,我做电视节目。如今的企业面临着无限的机遇:做电视节目,出版教材和音像制品,做企业培训师;为大型企业的员工进行专业培训,如商务交流、谈判、礼仪、办公等方面的培训……

五、陈天桥:我发财的两大成功密码

一位创业不久的朋友非常崇拜陈天桥,他在疯狂浏览了涉及陈的几乎所有信息之后,颇有感触:"陈天桥无非就是玩的综合实力:在搞IT的里头他做网游,在网游里头他玩股票,在玩股票的里头他操作资本。干什么都比人家快出一步。"

不过,陈天桥在中央电视台的《对话》节目中剖析自己的时候,却总结出自己发财的两大成功密码:"第一是专注,第二是节奏。"

专注才能抵制诱惑

陈天桥真正的发迹是从《传奇》这个网络游戏开始的,但是他在开始自己的传奇人生之前,他也曾经被诱惑过——被各种各样的挣钱机会诱惑着。

1999年,26岁的陈天桥与弟弟陈大年在上海浦东新区科学院专家楼里的一套三室一厅的屋子里创立了盛大网络,并推出网络虚拟社区"天堂硅谷"。2000年,盛大网络获得了中华网300万美元的注资。这时候的陈天桥,总是"善于"发现新的赚钱机会,于是很快,盛大广泛涉足了网上互动娱乐社区的开发经营、即时通讯软件的开发和服务以及网上动画、漫画。这时候,盛大网络进入了迷茫而无序的发展状态。

在功成名就之后,陈天桥告诉前来取经的创业者:"当你认准一个方向的时候全力以赴,只有专注的企业才能成功,多元化的企业可以存活但是很难成功。"而这正是他有切肤之痛的经验之谈:"一个创业企业往往都会有自己的灵感和自己的方向,我相信他们应该对未来充满信心,但我觉得他们最容易犯的一个错误,也就是我犯的错误,就是所谓的一上来对整个战术执行的时候多元化或者摇摆不定,他不是专注地在某一点上进行突破。"

盲目发展很快结出了恶果,盛大网络陷入困顿中。在总结了自己的失败原因之后,陈天桥开始寻求改变。这时《传奇》进入了他的视野并把他深深吸引了,他立刻给中华网写了厚厚一叠项目建议书。"我们把《传奇》拿回来,很高兴地向我们的投资方说,这是一个非常好的商业领域,我们认为到年底不但能赚钱而且能赚大钱。但是当时我们的投资方觉得我们在讲一个神话,所以他说你可以一个人走,但是我们不陪你走。"

最终，陈天桥与中华网分手，中华网按股份留给陈天桥 30 万美元。2001 年 7 月 14 日，盛大和《传奇》海外版权持有商 Actoz 以每年 30 万美元的价格签约。陈天桥剩余的 30 万美元全部进了 Actoz 的口袋。

"合同签完后，我就没钱了，但游戏运营才刚开始，光服务器跟网络带宽就需要一大笔钱，形势十分危险。"这时候陈天桥使出他成功的第二个密码——节奏。

快节奏突破死神围困

脱离了中华网，陈天桥也深刻感受到死神的脚步："2001 年之前盛大几乎每天都有可能死去，在 2002 年盛大每个月都有可能死去，进入到 2003 年盛大每个季度都有可能死去。"但是陈天桥并没有被吓倒，他决定裁员，首先把 50 人的公司裁成 20 人，最早的那批人全部留下来，但却拿八折的工资。

此外，为了解决硬件设施问题，"我们就拿着与韩国方面签订的合约，找到浪潮、戴尔，告诉他们我们要运作韩国人的游戏，申请试用机器两个月。他们一看是国际正规合同，于是就同意了。"陈天桥回忆说。然后，拿着服务器的合约，以同样的方式找到中国电信谈。中国电信最终给了盛大两个月免费的带宽试用期。有了韩方的合同，再加上服务器厂家和中国电信的支持，陈天桥又取得了当时国内首届一指的单机游戏分销商上海育碧的信任，代销盛大游戏点卡，分成 33%。

2001 年 9 月 28 日，《传奇》开始公测，2 个月后正式收费，同时在线人数迅速突破 40 万大关，全国点卡集体告罄，资金迅速回笼，盛大安然度过了这场生死玄关。

这时候离盛大和 Actoz 签约仅仅 4 个月。盛大以其快节奏首次突破了死神的魔掌。回首这段往事，陈天桥深感自豪："现在回过头来看如果说对我的创业密码做一个总结的话，我觉得两个字就节奏。世界上没有做错的事情，永远是时间错误。"

快节奏还让他实现自己的财富梦想

2004 年 5 月 13 日，盛大在纳斯达克上市。此时并非新股上市的好时机，中国概念股遭遇寒流，陈天桥在上市前夕的 24 小时之内备受煎熬，没有合眼。反复权衡之后，他做出决定，并电话通知美国的上市团队："下调发行价，将每股 13 美元下调到 11 美元，并减小了50% 的上市规模。公司就这一笔要损失两千万美金。"

但是精明的陈天桥还有他的如意算盘。"上了市以后我们以每个季度百分之二十几的增长率，肯定很快就可以获得投资者的认可。我们可以通过再融资获得资金。"同年 10 月，不出陈天桥所料，盛大网络的股价大幅上涨，这时候陈天桥决定再融资，"当时我是 10 月 8 号下午开始刊报，我就打电话给高盛，我说你们一个礼拜之内，必须要把这个可转债完成。对方说世界上没有过一个礼拜完成的，我说没完成的话以后就不聘请高盛了。"结果在短短的一星期内真的做到了。

"一个月之内，我们把这笔钱用在了对上游内容商的控股上面。从上市、发季报、融资、收购，我们在半年之内完成。我觉得在这里面就存在对节奏的把握，如果任何一步你没有踏准，或者缺钱或者说缺地方都不行。人家也是看到你有钱才会谈，你没钱怎么跟你谈？所以在这里面我觉得第一阶段专注，第二阶段节奏，这是我对整个企业在不同阶段所采取方针的理解。"

快节奏已经成为陈天桥的招牌招数。2005 年,陈天桥斥资近 20 亿,仅用 43 天即成功收购中国最大门户网新浪 19.5％的股票,成为新浪最大的股东,颠覆了中国互联网的格局。而这种动作绝非陈天桥偶一为之的特殊举动,早在 2003 年,盛大就已经先后收购了北美、日本以及国内的近 10 家公司;2004 年,盛大的扩张步伐进一步加快,创下了两个月内完成 6 次资本运作的纪录。

六、修脚女陆琴的故事

2004 年 3 月 11 日下午,国务院总理温家宝来到了全国人大江苏代表团参加审议。当扬州修脚女工陆琴代表发言时,想不到温总理突然插话:"我知道你的事迹。"陆琴发言结束后,总理动情地说:"我在报上全文读过你的事迹,看了以后非常感动,我要向你学习,向你表示感谢。你用实际行动改变了社会偏见,实践了'三个代表'全心全意为人民服务的思想,也为群众树立了榜样,证明了只要有志向,敢创业,群众创业的能量是无限的。"

一箩筐竹筷子削成"第一修脚高手"

陆琴是扬州著名的修脚师。15 年前,17 岁的她顶住社会的偏见和巨大压力,成为扬州第一批女修脚工。陆琴坚信"三百六十行,行行出状元",在修脚技艺上精益求精,刻苦钻研,练就了熟练的技术。在练习修脚功夫时,首先要练手感,这就得先用竹筷竖着一层层地削,越削刀工越细,削下来的筷子就越薄。一年下来,她削掉的筷子整整有一箩筐。刻苦钻研再加上用心,她很快成了修脚女工中的佼佼者,成为扬州修脚业的"第一高手"。

可社会的偏见差点让她改行:男朋友听说她是修脚的,不愿与她交往,她先后谈了几个对象也没有谈成。那一阶段她常闷在屋里哭。尽管她也知道修脚业是很光荣的,服务行业也是为人民服务,工作不应该有贵贱之分,但眼看着师姐师妹们都转行了,她也坐不住了。是师傅的鼓励、顾客的支持,让她重新鼓起了干好修脚业这一行的勇气。

"陆琴脚艺"的商标叫响全国

偏偏就在这时,国有浴室纷纷倒闭,陆琴也下岗了。她下岗不失志,坚信靠自己的手艺能够吃饭,于是她向亲朋好友借了点钱,走上了自主创业的道路。经过多年的磨炼,陆琴的名气打响了,成了扬州修脚业的一块金字招牌,外地人到扬州都点名让陆琴服务。就连香港的政界要人以及演艺明星刘德华、胡慧中、张柏芝等名人也时常请她去香港修脚。她利用个人的名人效应在扬州开了一家"陆琴脚艺园"。她还向国家商标局申请了"陆琴脚艺"的商标,成为全国修脚业第一个商标。随着生意的扩张,她先后在北京、南京、杭州、常熟等地开了分店,由输出修脚技艺发展到输出扬州修脚业的品牌。

首部脚艺专著、首座足艺学校、首个修脚国标在她手下产生

在总结自己和师傅们经验的基础上,陆琴出版了我国第一部修脚技艺的理论专著《脚艺真经》,开始了理论的探讨。她还创办了全国首个足艺专修学校。日前,"陆琴脚艺"的第 10 批学员——这些学员来自全国各地,有东北的,有华北的,通过了扬州职业技能考核中心的考试,陆琴为全国各地培养了一大批修脚师。国家劳动和社会保障部与江苏省职业技能鉴定中心将打造修脚业"国家标准"这一重任交给扬州。全国首届修脚技师考核鉴定在扬州举行,陆琴等 11 人荣获全国修脚业的最高职称。接着,陆琴等和扬州商校的专家一起,开始编

订修脚业的学习教材和用来进行初、中、高级考试定级的试题库，共同承担起了修订修脚业"国标"的重任。

总理拉她合影留念

在发言中，陆琴向温家宝总理提出了进一步加大舆论宣传和正面引导，让全社会关心和尊重服务行业的从业人员，把鼓励下岗职工再就业、自主创业的优惠政策落到实处，重视像扬州"三把刀"这样的传统特色技艺的保护、利用、光大等建议。温总理还认真地说：你对政府提的建议我回去一定认真研究，特别是保护传统工艺和落实下岗工人的政策，需要各级政府高度重视、认真解决。希望更多的下岗工人失业而不失志，勇敢地发挥自己的聪明才智，自主创业。

讨论结束时，温家宝还亲切地招呼陆琴站到他的身边，为她亲笔签名，并合影留念。

附录 国家促进创业相关政策

关于促进以创业带动就业工作的指导意见

人力资源社会保障部 发展改革委 教育部
工业和信息化部 财政部 国土资源部 住房城乡建设部
商务部 人民银行 税务总局 工商总局
2008 年 9 月 26 日

为贯彻落实党的十七大提出的"实施扩大就业的发展战略,促进以创业带动就业"的总体部署,全面实施《中华人民共和国就业促进法》的有关规定,现就促进以创业带动就业工作提出以下指导意见:

一、统一思想认识,明确目标任务

(一)统一思想认识。创业是劳动者通过自主创办生产服务项目、企业或从事个体经营实现市场就业的重要形式。劳动者通过创业,在实现自身就业的同时,吸纳带动更多劳动者就业,促进了社会就业的增加。当前及今后一个时期,我国就业形势依然严峻,促进以创业带动就业,有利于发挥创业的就业倍增效应,对缓解就业压力具有重要的现实意义。以创业带动就业工作是实施扩大就业发展战略的重要内容,是新时期实施积极就业政策的重要任务。各地区、各有关部门要高度重视,通过政策支持和服务保障,优化创业环境,鼓励和扶持更多劳动者成为创业者。

(二)明确指导思想。各地区、各有关部门要深入贯彻落实科学发展观,按照构建社会主义和谐社会的总体要求,解放思想,改革创新,着眼于经济社会发展全局,从创业意识、创业能力和创业环境着手,逐步形成以创业带动就业的工作新格局。坚持政府促进、社会支持、市场导向、自主创业的基本原则,强化创业服务和创业培训,改善创业环境,加快形成政策扶持、创业培训、创业服务"三位一体"的工作机制,不断激发劳动者的创业激情,增强创业意识,鼓励更多的城乡劳动者通过自主创业实现就业。

(三)突出工作重点。各地区、各有关部门要紧密结合地方的优势产业、特色经济,确定鼓励创业的产业指导目录,制定扶持政策,鼓励创业者进入国家和地方优先和重点发展的科技型、资源综合利用型、劳动密集型、农副产品加工型、贸易促进型、社区服务型、建筑劳务型和信息服务型等产业或行业。鼓励和支持个体私营等非公有制经济和中小企业发展,扩大创业领域。重点指导和促进高校毕业生、失业人员和返乡农民工创业。积极采取措施促进军队复员转业人员、留学回国人员等创业。力争用 3 到 5 年的时间,实现劳动者创业人数和通过创业带动就业人数的大幅增加,基本形成促进以创业带动就业的政策体系,使更多有创业意愿和创业能力的劳动者成功创业。

二、完善扶持政策，改善创业环境

（四）放宽市场准入。加快清理和消除阻碍创业的各种行业性、地区性、经营性壁垒。法律、法规未禁止的行业和领域向各类创业主体开放，国家有限制条件和标准的行业和领域平等对待各类创业主体。在法律、法规规定许可的范围内，对初创企业，可按照行业特点，合理设置资金、人员等准入条件，并允许注册资金分期到位。按照法律、法规规定的条件、程序和合同约定允许创业者将家庭住所、租借房、临时商业用房等作为创业经营场所。扩大政府采购范围，制定促进小企业发展的政府采购优惠政策。各地区、各有关部门可根据实际情况，适当放宽高校毕业生、失业人员以及返乡农民工创业的市场准入条件。

（五）改善行政管理。全面实行收费公示制度和企业交费登记卡制度，禁止任何部门、单位和个人干预创业企业的正常经营，严格制止乱收费、乱摊派、乱罚款、乱检查、乱培训行为。进一步清理和规范涉及创业的行政审批事项，简化立项、审批和办证手续，公布各项行政审批、核准、备案事项和办事指南，推行联合审批、一站式服务、限时办结和承诺服务等，开辟创业"绿色通道"。依法保护创业者的合法私有财产，对严重侵犯创业者或其所创办实体合法权益的违法行为，有关部门要依法查处。对创业者提出的行政复议申请，政府部门要及时受理，公平对待，限时答复。登记失业人员、残疾人、退役士兵，以及毕业2年以内的普通高校毕业生从事个体经营的，要按有关规定，自其在工商部门首次注册登记之日起3年内，免收管理类、登记类和证照类等有关行政事业性收费。

（六）强化政策扶持。全面落实有利于劳动者创业的税收优惠、小额担保贷款、资金补贴、场地安排等扶持政策，促进中小企业和个体私营等非公有制经济发展，扶持劳动者创业。从实际出发，建立健全促进以创业带动就业的政策措施，细化操作办法。多渠道筹集安排资金，支持以创业带动就业工作的展开。要针对经营成本上升以及政策和市场环境变化的情况，兼顾行业稳定发展和结构调整升级，积极采取有效措施，扶持、保护创业企业的生存和发展，鼓励创业企业扩大就业规模。对农民工返乡创业的，劳务输出地区要积极探索完善相关扶持政策。

（七）拓宽融资渠道。积极推动金融产品和金融服务创新，支持推动以创业带动就业。积极探索抵押担保方式创新，对于符合国家政策规定、有利于促进创业带动就业的项目，鼓励金融机构积极提供融资支持。全面落实小额担保贷款政策，创新管理模式，提高贷款服务的质量和效率，并进一步加大对符合条件的劳动密集型小企业的支持力度。鼓励和支持发展适合农村需求特点的多种所有制金融组织，创新农村贷款担保模式，积极做好对农民工返乡创业的金融服务。建立健全创业投资机制，鼓励利用外资和国内社会资本投资创业企业，有条件的地区可设立各种形式的创业投资引导基金，引导和促进创业投资企业的设立与发展。

三、强化创业培训，提高创业能力

（八）加大培训力度。建立满足城乡各类劳动者创业的创业培训体系，扩大创业培训范围，逐步将所有有创业愿望和培训需求的劳动者纳入创业培训。加强普通高校和职业学校的创业课程设置和师资配备，开展创业培训和创业实训。落实职业培训补贴政策，对参加创业培训的创业者，按有关政策规定，给予职业培训补贴。对领取失业保险金人员参加创业培训的，其按规定享受的职业培训补贴由失业保险基金开支。

（九）提高培训质量。从规范培训标准、提高师资水平、完善培训模式等方面入手，不断提高创业培训的质量。定期组织开展教师培训进修、研讨交流活动,加强师资力量的培养和配备,提高教育水平。采用案例剖析、知识讲座、企业家现身说法等多种方式,增强创业培训的针对性和实用性。根据不同群体的不同需求,开发推广创业培训技术,不断提高创业成功率。

(十)建立孵化基地。地方各级人民政府要统筹安排劳动者创业所需的生产经营场地,搞好基础设施及配套建设,优先保障创业场地。可在土地利用总体规划确定的城镇建设用地范围内,或利用原有经批准的经济技术开发区、工业园区、高新技术园区、大学科技园区、小企业孵化园等建设创业孵化基地,为进入基地的小企业提供有效的培训指导服务和一定期限的政策扶持,增强创业企业的经营管理和市场竞争能力,提高创业稳定率。

四、健全服务体系,提供优质服务

(十一)健全服务组织。依托公共就业服务体系,健全创业指导服务组织,开发创业指导技术,完善创业服务功能,提高创业服务效率,承担创业带动就业工作的组织、服务和实施责任。充分发挥中小企业服务机构、高校毕业生就业指导机构和各类创业咨询服务机构的作用,共同做好创业带动就业工作。推动创业咨询服务工作的开展,建立由企业家、创业成功人士、专家学者及政府工作人员共同组成的创业服务专家队伍,逐步形成创业服务指导专兼职队伍。

(十二)完善服务内容。根据城乡创业者的需求,组织开展项目开发、方案设计、风险评估、开业指导、融资服务、跟踪扶持等"一条龙"创业服务,建立创业信息、政策发布平台,搭建创业者交流互助的有效渠道。建立政府支持并监管、企业与个人开发、市场运作的创业项目评估和推介制度,建立创业项目资源库,形成有效采集和定期发布制度。通过上门服务、集中服务、电话服务等多种形式,为创业者提供个性化、专业化的开业指导和咨询服务。建立创业者信息管理服务系统,设立创业服务热线,接受创业者的咨询和投诉,提供及时有效的后续服务和跟踪指导,注重对创业失败者的指导和服务,帮助他们重树信心,再创新业。

(十三)提供用工服务。为创业者、新创办企业及其所吸纳的员工提供公共就业服务。指导创业企业结合生产经营需要,落实职工教育经费,做好职工的岗前培训和在职培训。组织各类培训机构按照用工需求开展定向、订单培训,为创业企业提供合适人才。对参加职业技能培训的符合条件人员,按规定给予相应的职业培训补贴和职业技能鉴定补贴。推进社会保障制度和户籍制度改革,加强社会诚信体系建设和社会治安综合治理,为创业者及其招聘的劳动者提供社会保障、人事管理、教育培训、职称评定等方面的政策便利,吸引人才去新创办企业工作,扩大创业带动就业的规模。

五、加强组织领导,推动工作开展

(十四)强化政府责任。地方各级人民政府要将促进创业作为一项重要任务,摆上就业工作的重要议事日程,落实扶持政策,改善创业环境,推广经验典型,积极推动创业带动就业工作的全面开展。重点指导推动工作基础较好,条件相对成熟的城市,根据本意见的要求,实施以创业带动就业相关扶持政策,在组织领导、创业培训、创业服务和社会参与等方面积极探索,率先完善创业带动就业的政策体系,建立以创业带动就业的创业型城市。

(十五)完善工作机制。各地区要发挥促进就业工作协调机制的作用,建立人力资源社会保障、发展改革、中小企业管理、教育、建设、国土资源、财政、商务、银行、税务、工商等部门共同参与、分工负责、协调配合的工作小组,共同研究制定和实施促进以创业带动就业的政策措施和工作计划。把优化创业环境、完善落实创业政策以及提高创业培训效果、创业服务质量、创业初始成功率、创业稳定率、创业带动就业率等作为衡量促进以创业带动就业的主要工作指标,列入当地就业工作考核的重要内容。充分发挥工商联、工会、共青团、妇联、残联以及其他社会组织的作用,共同做好创业带动就业工作。

(十六)营造良好氛围。加强创业教育,提高创业意识,建设创业文化,使更多的劳动者乐于创业、敢于创业;发挥社会各方面支持和推动创业工作的积极作用,营造全民创业的社会氛围;加强舆论引导,弘扬创业精神,树立一批创业典型,特别是面对失败不屈不挠成功实现再创业的典型,营造崇尚创业、竞相创业、褒奖成功、宽容失败的和谐创业环境和良好舆论氛围。对在创业带动就业工作中取得显著成绩的单位和个人要给予表彰。

各地区、各有关部门要结合实际,研究制定贯彻本意见的具体办法。

国务院关于做好促进就业工作的通知
国发〔2008〕5号

各省、自治区、直辖市人民政府,国务院各部委、各直属机构:

近年来,各地区和有关部门认真贯彻落实党中央、国务院关于就业再就业的方针政策,取得显著成绩,体制转轨遗留的下岗失业人员再就业问题基本解决。当前及今后一个时期,我国劳动者充分就业的需求与劳动力总量过大、素质不相适应之间的矛盾依然存在,促进就业任务十分繁重。党的十七大提出坚持实施积极的就业政策,实现社会就业更加充分的奋斗目标。就业促进法对促进就业工作做出了法律规范。各地区、各部门要根据新的形势和工作要求,切实做好促进就业工作。现就有关问题通知如下:

一、明确就业工作目标任务,强化政府促进就业的领导责任

(一)强化政府责任,把扩大就业放在经济社会发展的突出位置。坚持劳动者自主择业、市场调节就业、政府促进就业的方针,努力创造公平就业环境。县级以上人民政府要把扩大就业作为经济和社会发展的重要目标,纳入国民经济和社会发展规划,并制定促进就业的中长期规划和年度工作计划,在发展经济和调整产业结构、规范人力资源市场、完善就业服务、加强职业教育和培训、提供就业援助等方面制订具体措施,努力实现社会就业更加充分的目标。

(二)实施积极的就业政策,多渠道增加就业岗位。贯彻实施鼓励、支持和引导个体、私营等非公有制经济发展以及加快发展服务业等一系列有利于促进就业的政策措施,促进非公有制经济和第三产业有序发展。采取有效措施,促进中小企业发展,鼓励发展劳动密集型产业,广开就业门路。鼓励和规范灵活就业形式。拓宽就业渠道,统筹做好城镇新增劳动力就业、农业富余劳动力转移就业和失业人员就业工作。

(三)改善创业环境,促进创业带动就业。完善支持自主创业、自谋职业政策体系,建立健全政策扶持、创业服务、创业培训三位一体的工作机制。简化程序,规范操作,提高效率,增加融资渠道,放宽市场准入限制,加强信息服务。加强创业意识教育,转变就业观念,营造鼓励自主创业的社会环境,使更多的劳动者成为创业者。

(四)积极做好高校毕业生就业工作。把高校毕业生就业纳入就业工作总体部署,明确

目标,落实责任,健全工作机制,进一步加强对高校毕业生的公共就业服务,广泛开展技能培训和就业见习,提高高校毕业生实践能力和就业能力,引导高校毕业生面向基层就业和创业。

(五)加强失业调控,努力减少失业。县级以上人民政府在安排政府投资和确定重大建设项目时,要按照科学发展观的要求,更加注重对就业的影响,处理好宏观调控与增加就业岗位的关系,妥善做好相关人员的安置工作。要建立健全失业预警制度,对因国内国际经济形势发生重大变化直接影响就业的行业和企业,以及失业问题突出的困难地区、困难行业,制订失业调控预案,实施失业预防、调节和控制,保持就业局势稳定。

(六)健全就业工作目标责任制度。把城镇新增就业、控制失业率、失业人员就业、就业困难人员就业及减少有劳动能力长期失业人员、城市居民最低生活保障人员作为就业工作主要目标任务,逐级分解,建立目标责任体系,并作为政府政绩考核的重要指标。要将统筹城乡就业、建立社会保障与促进就业联动机制纳入政府就业工作目标责任。县级以上人民政府要按照目标责任制度的要求,依法加强对所属有关部门和下一级人民政府的考核、检查和监督。

二、完善政策支持体系,进一步实施积极的就业政策

(七)妥善处理现行政策与法律规定的衔接问题。按照法律要求,对政策进行完善和规范,明确政策支持对象和内容,调整完善操作办法,解决政策落实中的难点问题,提高政策的实施效果。

(八)《国务院关于进一步加强就业再就业工作的通知》(国发〔2005〕36 号)规定的各项税收政策继续有效,审批截止日期为 2008 年底,2009 年以后的税收政策另行规定。登记失业人员创办企业的,凡符合相关条件,可按国家规定享受税收优惠政策。符合有关残疾人就业优惠条件的,可以享受现行增值税、营业税、企业所得税、个人所得税等税收优惠政策。

(九)登记失业人员和残疾人从事个体经营的,按规定免收属于管理类、登记类和证照类的各项行政事业性收费,政策扶持期限最长不超过 3 年。具体政策由财政部、发展改革委制定。

(十)进一步完善小额担保贷款政策,创新小额担保贷款管理模式。各地可根据实际情况适当提高小额担保贷款额度和扩大贷款范围。经办银行可将小额担保贷款利率在人民银行公布的贷款基准利率的基础上上浮 3 个百分点,其中微利项目增加的利息由中央财政负担。小额贷款担保基金由地方财政安排。中央财政要进一步拓宽贴息资金的使用渠道,从贴息资金中安排部分资金支持完善担保基金的风险补偿机制和贷款奖励机制。推动信用社区与经办银行加强合作,鼓励担保机构降低反担保门槛或取消反担保。进一步加大对符合条件的劳动密集型小企业的贷款贴息支持力度,鼓励利用小额贷款担保基金为劳动密集型小企业提供贷款担保服务。具体政策由人民银行、财政部、劳动保障部制定。对 2007 年底前核准的小额担保贷款项目仍按原政策执行。

(十一)扶持就业困难人员就业。就业困难人员一般指大龄、身有残疾、享受最低生活保障、连续失业一年以上,以及因失去土地等原因难以实现就业的人员。具体范围和申请认定程序,由各省、自治区、直辖市人民政府根据本地实际情况规定。对各类企业招用就业困难人员,签订劳动合同并缴纳社会保险费的,在相应期限内给予基本养老保险、基本医疗保险和失业保险补贴;各地政府投资开发的公益性岗位,要优先安排符合岗位要求的就业困难人员,并视其缴纳社会保险费的情况,在相应期限内给予基本养老保险、基本医疗保险和失业保险补贴以及适当的岗位补贴;对就业困难人员灵活就业后申报就业并缴纳社会保险费的,给予一定数额的社会保险补贴。社会保险补贴和岗位补贴期限,除对距法定退休年龄不足五年的人员可延长至退休外,其余人员最长不超过三年。

(十二)国发〔2005〕36 号文件规定的对持《再就业优惠证》人员的各项社会保险补贴、岗位补贴政策继续执行,审批截止到 2008 年底,期限最长不超过三年。

(十三)县级以上人民政府要根据就业状况和就业工作目标,加大资金投入,在同级财政预算中安排就业专项资金用于促进就业工作。就业专项资金用于职业介绍、职业培训、公益性岗位、职业技能鉴定、特定就业政策和社会保险等的补贴,小额贷款担保基金和微利项目的小额担保贷款贴息,以及扶持公共就业服务等。特定就业政策需经国务院批准。对各地职业介绍补贴、职业培训补贴、公益性岗位补贴、职业技能鉴定补贴、特定就业政策补助、社会保险补贴,以及扶持公共就业服务资金,中央财政继续通过专项转移支付的方式给予适当补助,并对中西部地区和老工业基地给予重点支持。对微利项目的小额担保贷款,中央财政按规定据实贴息。就业专项资金的使用管理办法,由财政部、劳动保障部制订。失业保险基金用于促进就业的支出,按有关规定执行。

三、进一步加强就业服务和管理,健全面向全体劳动者的职业技能培训制度

(十四)各地要按照建立统一开放、竞争有序的人力资源市场的要求,加强部门协调,完善管理制度,维护人力资源市场的良好秩序。县级以上人民政府要加强人力资源市场信息网络及相关设施建设,建立健全人力资源市场信息服务体系,完善市场信息发布制度。鼓励社会各方面依法开展就业服务活动,加强对职业中介机构的管理,提高其服务质量。对为登记失业人员提供就业服务并实现就业的各类职业中介机构,按规定给予职业介绍补贴。

(十五)县级以上人民政府要建立健全公共就业服务体系,规范公共就业服务机构,明确服务职责和范围,合理确定各级公共就业服务机构的人员编制,加强公共就业服务能力建设,将公共就业服务经费纳入同级财政预算,保障其向劳动者提供免费的就业服务。县级以上公共就业服务机构要建立综合性服务场所,为劳动者和用人单位提供"一站式"就业服务;街道、社区公共就业服务机构要设立服务窗口,开展公共就业服务。要规范公共就业服务机构服务流程和标准,提高服务质量和效率。

(十六)各地要建立健全就业登记和失业登记制度。公共就业服务机构负责为劳动者免费办理就业登记和失业登记,并做好登记统计工作。登记失业人员应当积极求职,参加公共就业服务机构安排的就业服务活动,并定期向公共就业服务机构报告就业失业状况。各省、自治区、直辖市在本行政区域内实行统一的就业失业登记证(以下简称登记证),向劳动者免费发放,并注明可享受的扶持政策。登记失业人员凭登记证在核发证件的省(区、市)内享受公共就业服务和就业扶持政策,对就业困难人员在登记证上予以注明。就业登记、失业登记的具体程序和登记证的样式,由各省、自治区、直辖市制订。要切实加强登记证发放和使用的管理。

(十七)建立健全面向全体劳动者的职业技能培训制度。鼓励支持各类职业院校、职业技能培训机构和用人单位依法开展就业前培训、在职培训、再就业培训和创业培训;鼓励劳动者参加各种形式的培训。对失业人员、符合条件的进城务工农村劳动者参加职业培训的,按规定给予职业培训补贴,具体办法由财政部、劳动保障部等制订。对就业困难人员、进城

务工农村劳动者通过初次职业技能鉴定(限国家规定实行就业准入制度的特殊工种),取得职业资格证书的,给予一次性的职业技能鉴定补贴。要根据职业培训的实际需要,合理确定补贴标准;现行补贴标准不足弥补实际培训成本的,可提高补贴标准。完善职业培训补贴办法,建立健全职业培训补贴与培训质量、促进就业效果挂钩机制,提高劳动者参加培训和各类职业教育培训机构提供培训的积极性。要完善劳动预备制度,对有就业要求和培训愿望的初高中毕业生实行 3 个月以上、12 个月以内的预备制培训,使其取得相应的职业资格或者掌握一定的职业技能。积极探索职业培训项目化运作模式,将补贴资金与项目运作紧密结合起来,提高职业培训的针对性和有效性。

四、进一步完善面向所有就业困难人员的就业援助制度,及时帮助零就业家庭解决就业困难

(十八)各地要进一步建立健全就业援助制度,积极帮助和扶持有就业愿望和就业能力,且积极求职的就业困难人员就业。要通过公益性岗位援助等多种途径,对所有就业困难人员实行优先扶持和重点帮助。

(十九)加强对零就业家庭的就业援助。各地要依托街道社区公共就业服务机构进一步完善零就业家庭申报认定制度,规范审核认定程序,建立专门台账,及时接受零就业家庭的就业援助申请。要多渠道开发就业岗位,提供有针对性的职业介绍、职业培训等就业服务和公益性岗位援助,通过多种形式帮扶零就业家庭人员实现就业。对其中符合条件的就业困难人员,要及时兑现各项扶持政策。建立动态管理、动态援助的长效工作机制,确保城市有就业需求的家庭至少有一人就业。

(二十)鼓励资源开采型城市和独立工矿区发展与市场需求相适应的接续产业,引导劳动者转移就业。对因资源枯竭或者经济结构调整等原因造成就业困难人员集中的地区,上级人民政府应当给予必要的扶持和帮助。

五、进一步加强组织领导,切实做好就业促进法的贯彻实施工作

(二十一)各地要进一步加强对促进就业工作的组织领导,建立健全促进就业工作协调机制,巩固和加强县级以上人民政府就业工作联席会议制度,强化统一领导、分工协作的工作机制。各有关部门要按照职责分工,切实履行职能,并加强协调配合,及时交流情况,解决问题。要进一步发挥工会、共青团、妇联、残联以及其他社会组织的作用,共同做好就业再就业工作。

(二十二)各地要充分利用各种新闻媒介,深入做好就业宣传工作。大力宣传国家促进就业的法律法规和经济社会政策,宣传各地区、各有关部门和单位促进就业的好做法,宣传劳动者转变就业观念、自主创业、自谋职业和用人单位承担社会责任、促进就业的典型经验。各级人民政府和有关部门要对在促进就业工作中取得显著成绩的单位和个人给予表彰和奖励,为就业工作营造良好的舆论环境和社会氛围。

(二十三)各地区、各有关部门要加强干部的法律知识培训,不断提高依法行政的能力和水平。要抓紧制定配套法规和政策,使法律的原则、要求具体化,增强法律的可操作性。要加强就业促进法实施情况的督促检查,采取有效措施,确保各项工作落实到位。

(二十四)各地劳动保障、民政、财政等部门要密切协作,促进失业保险、社会救助与促进就业工作的有机结合。完善失业保险和社会救助制度,形成促进就业的激励约束机制。严格失业保险金、城市居民最低生活保障金的申领条件和程序,在准确区分申请人员有无劳动能力的基础上,将申领条件与接受职业介绍、职业培训以及参加公益性劳动情况相挂钩,逐步形成促进就业的政策导向。要将享受失业保险待遇人员和有劳动能力、有就业愿望的城市居民最低生活保障人员组织到职业介绍、职业培训、公益性劳动等活动中,采取多种措施,鼓励和吸引其积极就业。

(二十五)各地区、各有关部门要结合实际,抓紧研究制订贯彻本通知的具体办法,确保本通知精神落到实处。对工作中的重大问题,及时报告国务院。

国务院

二○○八年二月三日

江苏省国家税务局转发《国家税务总局、劳动和社会保障部关于下岗失业人员再就业有关税收政策具体实施意见的通知》的通知

苏国税发〔2006〕41 号

各省辖市、常熟市国家税务局、地方税务局、劳动和社会保障局,苏州工业园区、张家港保税区国家税务局,省国家税务局、地方税务局直属分局:

现将《国家税务总局、劳动和社会保障部关于下岗失业人员再就业有关税收政策具体实施意见的通知》(国税发〔2006〕8 号)转发给你们,并补充如下意见,请一并贯彻执行:

一、提高认识,正确处理社会稳定与经济发展的关系。扩大就业,促进再就业,是实践"三个代表"重要思想、坚持以人为本、重视关心民生的重要体现。推进城乡统筹,促进充分就业,是实现"两个率先、构建和谐社会"的重要举措。各级税务、劳动和社会保障部门要进一步解放思想,提高认识,从维护改革发展稳定大局和实现国家长治久安的高度,按照国务院《关于进一步加强就业再就业工作的通知》(国发〔2005〕36 号)、省政府《关于贯彻国务院进一步加强就业再就业工作通知的实施意见》(苏政发〔2006〕24 号)的规定,扎扎实实地做好下岗失业人员再就业税收政策的贯彻落实工作。

二、加强宣传,积极主动做好再就业税收政策的宣传工作。各级税务、劳动保障等部门要通过媒体、网站等多种渠道,向社会广泛宣传下岗失业人员再就业税收政策,将税收优惠等扶持下岗失业人员再就业的优惠政策公示到社区,在所有税务、劳动保障办事窗口公示上墙,发放到用人单位,利用企业办理税务、下岗失业登记、发放下岗失业人员基本生活费和失业保险待遇、发放《再就业优惠证》申领表之机,主动告知下岗失业人员再就业税收优惠等政策,使之家喻户晓,促进下岗失业人员再就业税收政策落实兑现。

三、通力合作,确保再就业税收优惠政策及时落实到位。劳动保障部门要认真负责地按照国务院通知和省政府实施意见,做好核发《再就业优惠证》和企业招用持《再就业优惠证》人员的认定工作,并将情况及时告知同级税务部门。税务部门要及时受理审核再就业税收减免申请,及时办理税收减免手续,实行再就业税收减免核准时,不再先征后返。税务部门在加盖戳记时,应注明已经享受时间。各级税务、劳动和社会保障部门要积极配合,加强

合作、互通信息，总结经验，不断提高工作效率和工作质量，在建立健全年度检查制度的同时，还应建立协调会议制度，定期交流情况，及时发现问题，纠正工作中的偏差，确保下岗失业人员再就业税收优惠政策及时执行到位。

四、建立健全工作责任制。各级税务、劳动和社会保障部门要加强对下岗失业人员再就业税收减免的基础管理，建立健全享受税收优惠的单位和人员清册、减免记录等台账。要按照《通知》规定加强年检工作，严防偷逃税情况的发生。年检工作应在次年的2月底前完成。省劳动和社会保障、省税务部门将于年度终了后三个月内组成联合检查组，对各地再就业税收优惠政策落实情况进行检查。对认真按照国务院通知和省政府贯彻意见核发《再就业优惠证》、及时做好企业认定工作，按规定及时减免税收的，予以通报表扬；对不认真按规定核发《再就业优惠证》和做好企业认定工作，不按规定及时减免税收的，予以通报批评。

五、请各地结合本通知和其他文件规定，制定和完善促进下岗失业人员再就业税收政策的具体操作办法，并请于4月底前将具体操作办法书面报省。

江苏省国家税务局

二〇〇六年三月二十日

国家税务总局、劳动和社会保障部关于下岗失业人员再就业有关税收政策具体实施意见的通知

国税发〔2006〕8号

各省、自治区、直辖市和计划单列市国家税务局、地方税务局、劳动和社会保障厅（局）：

为贯彻落实《国务院关于进一步加强就业再就业工作的通知》（国发〔2005〕36号）和《财政部国家税务总局关于下岗失业人员再就业税收政策问题的通知》（财税〔2005〕186号）的精神，经国务院同意，现将下岗失业人员再就业有关税收政策的具体实施意见明确如下：

一、企业吸纳下岗失业人员的认定、审核程序

可申请享受再就业有关税收政策的企业实体包括服务型企业（除广告业、房屋中介、典当、桑拿、按摩、氧吧外）、商贸企业、劳动就业服务企业中的加工型企业和街道社区具有加工性质的小型企业实体（以下简称"企业"）。

（一）认定申请

企业吸纳下岗失业人员的认定工作由劳动保障部门负责。

企业在新增岗位中新招用持《再就业优惠证》人员，与其签订1年以上期限劳动合同并缴纳社会保险费的，可向当地县级以上（含县级，下同）劳动保障部门递交认定申请。企业认定申请时需报送下列材料：

1. 新招用下岗失业人员持有的《再就业优惠证》；

2. 企业工资支付凭证（工资表）；

3. 职工花名册（企业盖章）；

4. 企业与新招用持有《再就业优惠证》人员签订的劳动合同（副本）；

5. 企业为职工缴纳的社会保险费记录；

6. 《持〈再就业优惠证〉人员本年度在企业预定（实际）工作时间表》（见附件）；

7. 劳动保障部门要求的其他材料。

其中,劳动就业服务企业要提交《劳动就业服务企业证书》。

（二）认定办法

县级以上劳动保障部门接到企业报送的材料后,重点核查下列材料:一是核查当期新招用的人员是否属于财税〔2005〕186 号文件中规定的享受税收扶持政策对象,《再就业优惠证》是否已加盖税务部门戳记,已加盖税务部门戳记的新招用的人员不再另享受税收优惠政策;二是核查企业是否与下岗失业人员签订了 1 年以上期限的劳动合同;三是企业为新招用的下岗失业人员缴纳社会保险费的记录;四是《持〈再就业优惠证〉人员本年度在企业预定（实际）工作时间表》和企业上年职工总数是否真实,企业是否用当年比上年新增岗位（职工总数增加部分）安置下岗失业人员。必要时,应深入企业进行现场核实。

经县级以上劳动保障部门核查属实,对符合条件的企业,核发《企业实体吸纳下岗失业人员认定证明》,并在《持〈再就业优惠证〉人员本年度在企业预定（实际）工作时间表》加盖认定戳记,作为认定证明的附表。

（三）企业申请税收减免程序

1. 具有县级以上劳动保障部门核发的《企业实体吸纳下岗失业人员认定证明》及加盖劳动保障部门认定戳记的《持〈再就业优惠证〉人员本年度在企业预定（实际）工作时间表》的企业可依法向主管税务机关申请减免税,并同时报送下列材料:

（1）减免税申请表;

（2）《企业实体吸纳下岗失业人员认定证明》及其附表;

（3）《再就业优惠证》及主管税务机关要求的其他材料。

2. 经县级以上主管税务机关按财税〔2005〕186 号文件规定条件审核无误的,按下列办法确定减免税:

（1）营业税、城市维护建设税、教育费附加和企业所得税均由地方税务局征管的,由主管税务机关在审批时按劳动保障部门认定的企业吸纳人数和签订的劳动合同时间预核定企业减免税总额,在预核定减免税总额内每月依次预减营业税、城市维护建设税、教育费附加。纳税人实际应缴纳的营业税、城市维护建设税、教育费附加小于预核定减免税总额的,以实际应缴纳的营业税、城市维护建设税、教育费附加为限;实际应缴纳的营业税、城市维护建设税、教育费附加大于预核定减免税总额的,以预核定减免税总额为限。

年度终了,如果实际减免的营业税、城市维护建设税、教育费附加小于预核定的减免税总额,在企业所得税汇算清缴时扣减企业所得税。当年扣减不足的,不再结转以后年度扣减。

主管税务机关应当按照财税〔2005〕186 号文件第一条规定,预核定企业减免税总额,其计算公式为:企业预核定减免税总额＝∑每名下岗失业人员本年度在本企业预定工作月份/12×定额。

企业自吸纳下岗失业人员的次月起享受税收优惠政策。

（2）营业税、城市维护建设税、教育费附加与企业所得税分属国家税务局和地方税务局征管的,统一由企业所在地主管地方税务局按前款规定的办法预核定企业减免税总额并将核定结果通报当地国家税务局。年度内先由主管地方税务局在核定的减免总额内每月依次预减营业税、城市维护建设税、教育费附加。如果企业实际减免的营业税、城市维护建设税、教育费附加小于核定的减免税总额的,县级地方税务局要在次年1月底之前将企业实际减免的营业税、城市维护建设税、教育费附加和剩余额度等信息交换给同级国家税务局,剩余额度由主管国家税务局在企业所得税汇算清缴时按企业所得税减免程序扣减企业所得税。当年扣减不足的,不再结转以后年度扣减。

各级国家税务局、地方税务局要根据上述精神,结合本地区实际情况,从方便纳税人的角度,建立健全工作协作、信息交换制度,切实落实好再就业税收政策。

3. 企业在认定或年度检查合格后,年度终了前招用下岗失业人员发生变化的,企业应当在人员变化次月按照本通知第一条第(一)、(二)项的规定申请认定。对人员变动较大的企业,主管税务机关可按前两款的规定调整一次预核定,具体办法由省级税务机关制定。

企业应当于次年1月10日前按照本通知第一条第(三)项的规定和劳动保障部门出具的《持〈再就业优惠证〉人员本年度在企业预定(实际)工作时间表》补充申请减免税。主管税务机关应当按照通知第一条第(三)项的规定重新核定企业年度减免税总额,税务机关根据企业实际减免营业税、城市维护建设税、教育费附加的情况,为企业办理减免企业所得税或追缴多减免的税款。

企业年度减免税总额的计算公式为:企业年度减免税总额＝∑每名下岗失业人员本年度在本企业实际工作月份/12×定额。

4. 第二年及以后年度以当年新招用人员、原招用人员及其工作时间按上述程序和办法执行。每名下岗失业人员享受税收政策的期限最长不得超过3年。

二、国有大中型企业通过主辅分离和辅业改制分流安置本企业富余人员兴办的经济实体(以下简称"经济实体")的认定、审核程序按照财税〔2005〕186号文件第三条、《国家税务总局劳动和社会保障部关于促进下岗失业人员再就业税收政策具体实施意见的通知》(国税发〔2002〕160号)第五条的有关规定执行。其中企业认定的主管部门为财政部门、国有资产监督管理部门(经贸部门)和劳动保障部门。

三、下岗失业人员从事个体经营的,领取税务登记证后,可持下列材料向其所在地主管税务机关申请减免税:

(一)减免税申请;

(二)《再就业优惠证》;

(三)主管税务机关要求提供的其他材料。

经县级以上税务机关按照财税〔2005〕186号文件第二条规定的条件审核同意的,在年度减免税限额内,依次减免营业税、城市维护建设税、教育费附加和个人所得税。

纳税人的实际经营期不足一年的,主管税务机关应当以实际月份换算其减免税限额。换算公式为:减免税限额＝年度减免税限额÷12×实际经营月数。

纳税人实际应缴纳的营业税、城市维护建设税、教育费附加和个人所得税小于年度减免税限额的,以实际应缴纳的营业税、城市维护建设税、教育费附加和个人所得税税额为限;实际应缴纳的营业税、城市维护建设税、教育费附加和个人所得税大于年度减免税限额的,以年度减免税限额为限。

对2005年12月31日之前经主管税务机关批准享受再就业税收政策的个体经营者,减免税期限未满的,在其剩余的减免税期限内,自2006年1月1日起按本条规定的减免税办法执行。

四、监督管理

主管税务机关应当在审批减免税时,在《再就业优惠证》中加盖戳记,注明减免税所属时间。

年度检查制度、《认定证明》和《再就业优惠证》管理制度按照《国家税务总局劳动和社会保障部关于促进下岗失业人员再就业税收政策具体实施意见的通知》(国税发〔2002〕160号)第七条第(一)、(二)项和《国家税务总局劳动和社会保障部关于加强〈再就业优惠证〉管理推进再就业税收政策落实的通知》(国税发〔2005〕46号)的有关规定执行。享受财税〔2005〕186号文件第一条规定的企业,年检需要报送材料中增加《持〈再就业优惠证〉人员本年度在企业预定(实际)工作时间表》,原规定中《新办服务型企业吸纳下岗失业人员认定证明》、《现有商贸企业吸纳下岗失业人员认定证明》、《新办商贸企业吸纳下岗失业人员认定证明》、《现有服务型企业吸纳下岗失业人员认定证明》由《企业实体吸纳下岗失业人员认定证明》代替。

五、本通知自2006年1月1日起执行。《国家税务总局、劳动和社会保障部关于促进下岗失业人员再就业税收政策具体实施意见的通知》(国税发〔2002〕160号)第一、二、三、四、六条,《国家税务总局、劳动和社会保障部关于落实劳动就业服务企业中的加工型企业和街道社区具有加工性质的小型企业实体再就业税收政策具体实施意见的通知》(国税发〔2003〕103号)第一、二条,《国家税务总局关于下岗失业人员从事个体经营有关税收政策问题的通知》(国税发〔2004〕93号)同时废止。《国家税务总局关于进一步明确若干再就业税收政策问题的通知》(国税发〔2003〕119号)适用于新的再就业税收政策。

国家税务总局　劳动和社会保障部

二○○六年一月十八日

江苏省财政厅、江苏省物价局
关于对从事个体经营的下岗失业人员和
高校毕业生实行收费优惠政策的通知
(苏财综〔2006〕8号　苏价费〔2006〕46号)

省各有关单位,各省辖市及常熟市财政局、物价局:

根据《国务院关于进一步加强就业再就业工作的通知》(国发〔2005〕36号)和《中共中央办公厅国务院办公厅关于引导和鼓励高校毕业生面向基层就业的意见》(中办发〔2005〕18号)和《财政部国家发展改革委关于对从事个体经营的下岗失业人员和高校毕业生实行收费优惠政策的通知》(财综〔2006〕7号)的规定,为进一步鼓励和促进下岗失业人员、高校毕业生从事个体经营,经省政府同意,现就从事个体经营的下岗失业人员、高校毕业生继续实行收费优惠政策的有关事项通知如下:

一、除国家限制的行业(包括建筑业、娱乐业以及销售不动产、转让土地使用权、广告业、房屋中介、桑拿、按摩、网吧、氧吧等,下同)外,凡下岗失业人员从事个体经营的,自2006年1月1日起至2008年12月31日,免交有关登记类、证照类和管理类的各项行政事业性收费(以下简称"收费"),免交期限最长不超过3年,2005年底前核准免交收费但未到期的人员,剩余期限内按此政策执行;高校毕业生从事个体经营,且在工商部门注册登记日期在其毕业后两年以内的,自其在工商部门登记注册之日起3年内免交有关登记类、证照类和管理类收费。对下岗失业人员、高校毕业生从事个体经营的其余收费优惠政策,按以上规定期限,继续执行省物价局苏价综〔1998〕337号、苏价费〔2002〕189号;省物价局、省财政厅苏价费〔2004〕416号、苏财综〔2004〕137号;苏价费〔2005〕281号、苏财综〔2005〕75号等文件规定。

二、从事个体经营的下岗失业人员、高校毕业生免交的行政事业性收费项目具体包括:

(一)法律、行政法规规定的收费项目、国务院以及财政、国家发展改革委批准设立的收费项目。

1. 工商部门收取的个体工商户注册登记费(包括开业登记、变更登记、补换营业执照及营业执照副本)、个体工商户管理费、集贸市场管理费、经济合同示范文本工本费;

2. 税务部门收取的税务登记证工本费;

3. 卫生部门收取的行政执法卫生监测费、卫生质量检验费、预防性体检费(从业人员健康体检费)、卫生许可证工本费、预防接种劳务费;

4. 民政部门收取的民办非企业单位登记费(含证书费);

5. 劳动保障部门收取的劳动合同鉴证费、职业资格证书工本费;

6. 人事部门和劳动保障部门收取的保存人事关系及档案收费;

7. 公安部门收取的特种行业许可证工本费;

8. 国务院以及财政部、国家发展改革委批准设立的涉及个体经营的其他登记类、证照类和管理类收费项目。

(二)省政府及省财政、价格部门批准设立的收费项目。

1. 卫生部门收取的食品生产经营者审查费、公共场所卫生审查费、现场调查费;

2. 公安部门收取的暂住证工本费(含纸质暂住证、非接触式IC卡暂住证[4KCPU]、二维条形码暂住证)、治安联防费(指按人数收取的治安联防费);

3. 经贸部门收取的《电工进网作业许可证》工本费;

4. 省教育部门向高校毕业生收取的档案委托保管费、档案传递手续费。

5. 省政府以及省财政、省物价部门批准设立的涉及个体经营的其他登记类、证照类和管理类收费项目。

三、从事个体经营的下岗失业人员,应当向工商、税务、卫生、民政、劳动保障、公安、经贸、人事、教育等部门的相关收费单位出具劳动保障部门核发的《再就业优惠证》,经收费单位审核无误并备案后免交有关收费。

从事个体经营的高校毕业生,应向相关收费单位出具《毕业证》原件并提交复印件,经收费单位审核无误并备案后免交有关收费。

四、各级财政、物价部门应通过广播、电视、报刊等新闻媒体,公布免收的各项具体收费项目,使下岗失业人员、高校毕业生及时了解和掌握有关收费优惠政策。

工商、税务、卫生、民政、劳动保障、公安、经贸、人事、教育等部门应督促本系统有关收费单位认真落实各项收费优惠政策,促进下岗失业人员再就业和高校毕业生自主创业。上述部门颁发证照等有关支出由同级财政部门通过部门预算核拨。

五、对从事个体经营的下岗失业人员和高校毕业生实行收费优惠政策,是党中央、国务院促进下岗失业人员再就业以及引导和鼓励高校毕业生自主就业的重要举措。各地要加强对有关收费优惠政策落实情况的监督检查,凡不按规定落实收费优惠政策的,要依据有关法律、法规予以严肃处理,确保有关收费优惠政策的贯彻落实。同时对出租、转让《再就业优惠证》或《毕业证》骗取收费优惠政策的,一经发现,有关收费单位应立即对证件持有人终止执行收费优惠政策,并补收相关费用。

二〇〇六年二月二十五日